BORDERLINE

TRASTORNO LÍMITE DE PERSONALIDAD

Dieter Beck, Úrsula Langerhorst y
Henriette Dekkers

BORDERLINE

TRASTORNO LÍMITE DE PERSONALIDAD

ANTROPOSÓFICA

Título original: Borderline-Erkrangkungen

Beck, Dieter
Borderline / Dieter Beck ; Henriette Dekkers ; Ursula Langerhorst. - 1a ed. - Villa Adelina : Antroposófica, 2012.
166 p. ; 22,5 x 15 cm.

Traducido por: Miguel Martínez Falero
ISBN 978-987-682-038-7

1. Psicología. I. Dekkers, Henriette II. Langerhorst, Ursula III. Martínez Falero, Miguel, trad. IV. Título
CDD 150

Hecho el depósito que marca la ley 11.723

Impreso en Argentina en septiembre del 2021

Editorial Antroposófica
Buenos Aires, Argentina

info@editorialantroposofica.com
www.editorialantroposofica.com

Índice

Introducción

En Febrero de 1979, un grupo de psicoterapeutas fundó en Stuttgart el Instituto de Psicoterapia de Orientación Antroposófica. Desde entonces publica artículos y ensayos para el desarrollo de una psicoterapia de orientación antroposófica. La base de este trabajo la constituyen los encuentros y conferencias de la Filderklinik de Stuttgart en el ámbito de las semanas de estudios psiquiátricos superiores en el Goetheanum y más recientemente los realizados dos veces al año en la clínica Friedrich Husseman de Freiburg, bajo la dirección del psiquiatra Dieter Beck.

El objetivo de la Antroposofía es mostrar, muy especialmente en el campo de la medicina, que los procesos espirituales, psíquicos y somáticos pueden ser comprendidos solo en su relación recíproca. En concordancia con esto, Rudolf Steiner recalcó siempre enérgicamente que el origen de las enfermedades psíquicas no se halla frecuentemente en la psique misma, sino en la constitución física y que el tratamiento debe desarrollarse en consecuencia con esto. La Euritmia Curativa juega un papel decisivo en el tratamiento de las enfermedades psíquicas, pues lo que persigue, mediante la práctica de determinadas formas de movimiento es actuar regulando directamente determinados procesos corporales relacionados con el anabolismo y el catabolismo.

Con este libro sobre el síndrome borderline se afronta un tema, que más allá del círculo de los psicólogos y psiquiatras activos en el campo psicoterapéutico, debería resultar de gran interés también para los pediatras, pedagogos curativos y pedagogos en general.

Esta enfermedad, descrita completamente por vez primera por Kernberg en 1967, presenta un cuadro de trastorno de la personalidad que va en aumento progresivo por el mundo entero y con el que, consecuentemente, cada vez más personas entran en contacto. Los autores, que han vivido confrontados durante muchos años con esta problemática, explican que se trata de un complejo trastorno de la encarnación, que afecta en particular a los tres fundamentales pasos del desarrollo: el aprender a andar, hablar y pensar en la primera infancia. Partiendo de esta premisa se ha ido desarrollando, no solo un programa terapéutico muy comprensivo y empático para el tratamiento del trastorno borderline, sino que además muestra vías para prevenirlo de la forma más eficaz posible.

"Fronterizos entre cielo y tierra", así les define Henriette Dekkers en su obra sobre la personalidad borderline. Pero acaso, ¿no lo somos todos los hombres?

Qué difícil resulta hoy alcanzar una clara conciencia de nuestras raíces "celestes", o bien de la patria espiritual de la existencia humana prenatal y postmortem, haciéndola fecunda para nuestro camino y conducta en la vida. Y que difícil, por otra parte también, resulta aceptar el mundo de hoy con todos sus problemas sin resolver, preocupaciones por el futuro, angustia existencial y la creciente dificultad para construir relaciones humanas sólidas y fiables. Las personas que deben combatir con la problemática borderline contribuyen a reforzar la conciencia y sensibilidad general de lo vulnerables que son la existencia y desarrollo humanos. Los puntos de vista diagnósticos y terapéuticos presentados en este libro, indican la dirección hacia la cual deben guiarse una educación y una terapia orientadas hacia el centro de la personalidad humana, el yo, si queremos desafiar eficazmente el progresivo aumento de este trastorno.

Aprovechamos la publicación de este texto, tras una pausa de varios años, para agradecer, en nombre de la Sección Médica del Goetheanum a los fundadores del Instituto de Psicoterapia de Orientación Antroposófica, su intenso trabajo de los últimos 19 años. Esperamos que este volumen sobre el *Trastorno Límite de Personalidad* encuentre amplia difusión, poniendo en evidencia la contribución que la psicoterapia de orientación antroposófica puede ofrecer para superar crisis y trastornos del desarrollo.

Sección médica del Goetheanum. Dornach, Suiza
Michaela Glöckler

Introducción

El 3% de la población española, o sea en torno a 11.558.193 personas, padecen TLP. Con mayor prevalencia que la esquizofrenia y con una incidencia similar a la del Trastorno Bipolar, sin embargo tan solo un 20% está diagnosticado. Este infradiagnostico está motivado por un cuadro de síntomas "atípicos" que al no implicar delirios ni pérdida de la razón, pasa desapercibido en muchas consultas.

En España el TLP empezó a diagnosticarse con años de retraso y de ser un trastorno apenas conocido entre los profesionales de la salud mental ha pasado a diagnosticarse de forma cada vez más habitual y a edades cada vez mas tempranas. Esta circunstancia ha dado lugar a una situación anómala, puesto que el aumento de la demanda social desborda la capacidad del sistema. Nos encontramos con pocos profesionales especialistas, sin publicaciones españolas ni versiones en castellano de los últimos textos editados.

Estos pacientes tienen paralizado el pensar, el sentir y el querer. Están fuera de sí, disociados. Se sienten solos, aislados sufriendo y poseen un anti-Yo destructivo. A menudo abusan del alcohol y las drogas, o se vuelven adictos al trabajo para no estar en silencio consigo mismos y sentir miedo.

Este libro, es un modelo de trabajo interdisciplinar en el que un Psiquiatra, una Euritmista y una Psicóloga Psicoterapeuta, cada uno desde su enfoque profesional abordan la problemática de este trastorno, haciendo surgir en el lector profundas preguntas tales como: ¿Cuál es la misión de este tipo de enfermedades?, ¿cuál el sentido de la batalla que estos enfermos libran con su enfermedad?

En Marzo de 2008 desde NAMA, (Nueva Asociación Medica Antroposófica), invitamos a Henriette, una de las autoras de esta obra y a Ad Dekkers, coordinadores internacionales de Psicoterapia Antroposófica de la Universidad Libre de Ciencia Espiritual del Goetheanum en Suiza, para que viniesen a Madrid a impartir un seminario sobre TLP desde el enfoque antroposófico. A partir de ahí un pequeño grupo de médicos, psiquiatras, psicólogos y terapeutas impulsamos desde NAMA la formación en Psicoterapia Antroposófica. Este libro de Psiquiatría Antroposófica posee varios enfoques: informativo para estudiantes y profesionales de la salud, divulgativo, terapéutico y de autoayuda. Va dirigido a personas afectadas de este trastorno, pero también a padres y pedagogos, pues hace hincapié en la importancia que tiene para un desarrollo sano del niño, la adecuada satisfacción de sus necesidades de amor incondicional.

Quiero agradecer expresamente a la Editorial Rudolf Steiner de Madrid el apoyo al proyecto de traducción y publicación de esta obra.

Madrid, Abril 2011
Miguel Martinez-Falero del Pozo
Médico Antroposófico y Psicoterapeuta

Prefacio

Este libro es el primero de una serie prevista, con el cual se intenta hacer revivir la compilación de obras "aportaciones para el desarrollo de una psicoterapia de orientación antroposófica", que fue iniciada en 1979 por Paul van der Heide. Como en el pasado, la colección es un órgano de expresión del Instituto de Psicoterapia de Orientación Antroposófica.

Desafortunadamente en aquel momento se editaron tan solo dos libros, ediciones hoy agotadas. En el ámbito de la nueva serie que hoy iniciamos, está prevista una reedición de los artículos más importantes de aquellos viejos volúmenes.

El objetivo de los miembros del Instituto es desarrollar y presentar al público, en base a los criterios de la Sección Médica de la Universidad Libre de Ciencia Espiritual del Goetheanum, una psicoterapia experimentada con éxito en la práctica y basada en una comprensión antroposófica del hombre y del mundo. Somos conscientes de la problemática ligada al concepto de psicoterapia, pero no queremos hacer más confusa su forma a todo un grupo profesional presentando una definición nuestra.

Una "psicoterapia" como ésta desea buscar, sobre la base de la Antroposofía, formas de tratamiento integral (es decir, corporal, anímico y espiritual) especializado, para aquellas personas, cuyo trastorno especifico trascienda el de un asesoramiento por problemas o crisis biográficas, tratamiento somático médico o cuidados anímicos, requiriendo ayuda especializada.

Desde 1980 el Instituto organiza dos veces al año regularmente encuentros para médicos que trabajen en el campo terapéutico y psicológico clínico. Estos encuentros originariamente tuvieron lugar en la Filderklinik y desde 1988 en la Friedrich Husseman Klinik. Hasta ahora se han llevado a cabo 35 seminarios.

Los miembros del grupo de iniciativa del Instituto han creado conjuntamente con otros psicoterapeutas un curso de formación trianual de psicoterapia antroposófica. El primer curso de formación se inició en pascua de 1977 y tuvo lugar entre el hospital universitario de Herdecke y la Friedrich Husseman Klinik.

Con este libro sobre el *Trastorno Límite de Personalidad* se ha intentado ampliar la comprensión desde el punto de vista antroposófico, de una de las enfermedades más significativas de nuestro tiempo, del último tercio del pasado siglo y presumiblemente del siglo XXI, de modo que puedan desarrollarse nuevas propuestas terapéuticas específicas aplicables individualmente.

El *Trastorno Límite de Personalidad* se caracteriza por una profunda alteración de la identidad y de la orientación: se desconoce quién es uno y qué es lo que se quiere en la vida. Esto frecuentemente va ligado al peligro de suicidio, o por lo menos a pensamientos suicidas recurrentes. Otra característica es la fragilidad y vulnerabilidad de la estructura de personalidad, de la organización anímica, de la firmeza interior, ligada a una insuficiente capacidad para soportar las dificultades. A ello hay que sumar un escaso equilibrio anímico, estado de ánimo disarmónico, vida del sentimiento desgarrada, déficit del control de impulsos, que a menudo se expresa en forma de ira primitiva, así como un sentimiento básico crónico de aburrimiento y de vacío. Las relaciones humanas son frecuentemente inestables e impetuosas. Hay tendencia a la idealización del otro, al que se ve como completamente bueno o completamente malo, o sea a devaluarlo. Faltan los medios tonos. Viven atrapados en el conflicto: o quieren dejar al otro, pero no pueden, o quisieran estar juntos, pero tampoco es posible. En el alma vive siempre de forma permanente un profundo miedo a la soledad, que condiciona toda forma de relación con la pareja o los amigos. Sobre estos sentimientos elementales, a menudo se manifiesta un delicado anhelo por la belleza y los ideales que se quebranta en el contacto con la realidad, pero que al mismo tiempo ayuda a soportarla.

El autor quisiera demostrar en su ensayo, que esta enfermedad está constituida por una alteración básica de la encarnación de la individualidad, un trastorno en el desarrollo de las tres capacidades humanas fundamentales del andar, el hablar, y el pensar. Se trata pues de un grupo de enfermedades completamente nuevas, al cual pertenecen probablemente otras enfermedades "modernas", como por ejemplo el autismo, cuyo origen no es hereditario, ni pertenece al núcleo espiritual que da origen al cuerpo, sino a la individualidad misma que se encarna en el cuerpo de forma insegura. Es un tipo de enfermedad que no se desarrolla principalmente de forma natural, sino que está esencialmente condicionada por el entorno humano inmediato.

En su exposición, Ursula Langerhorst busca los síntomas de las alteraciones del andar y el hablar en los movimientos eurítmicos y lleva a cabo un programa terapéutico basado en la euritmia.

Henriette Dekkers describe la psicodinámica de este trastorno, cómo se manifiesta, al inicio de la edad adulta, sobre todo tras el nacimiento del Yo. Por otro lado evidencia los anhelos, la lucha, los miedos la fractura entre la individualidad y sus envolturas, el centro del Yo poco desarrollado en la vida anímica, la alienación del Yo. Dekkers describe los intentos de autocuración que llevan a los conflictos y que se manifiestan por tanto como síntomas de enfermedad. Advierte en los recuerdos de los pacientes una sobrecarga emocional crónica, durante el desarrollo infantil y juvenil en los tres primeros septenios de la vida.

Esta serie de trabajos no van dirigidos exclusivamente a psicoterapeutas, sino también a médicos, psicólogos, euritmistas curativos, arteterapeutas y socioterapeutas. Pero también al profano que tiene que ver con esta problemática, esta obra puede ayudarle y aclararle dudas. La comprensión de esta obra presupone estar familiarizado en cierta medida con la concepción antroposófica del hombre y del mundo. Sin ella no será posible juzgarla objetivamente.

Dieter Beck

Dieter Beck

El desarrollo del andar, hablar y pensar y el origen del trastorno límite de personalidad

La teoría y la práctica psicoanalítica y sucesivamente la psiquiatría general se han ido ocupando progresivamente del trastorno límite de personalidad desde la mitad de este siglo XX, particularmente desde los pioneros trabajos de O. Kernberg a partir de 1967, que dieron a esta problemática el perfil definitivo. Este trastorno Borderline supone para la humanidad moderna, a amplia escala, un problema que trasciende hasta la práctica médica general y psicológica y plantea los retos terapéuticos mas difíciles.

En el presente ensayo trataremos de encontrar una clave para la comprensión de esta enfermedad desde el punto de vista antroposófico, de modo que podamos formarnos una visión más amplia del llamado trastorno precoz, ampliando el espectro terapéutico mas allá de los progresos del psicoanálisis y los ensayos terapéuticos farmacológicos más recientes.

Esta tentativa se basa sobre la concepción de Rudolf Steiner, según la cual el aprendizaje de las facultades de andar, hablar y del pensar, que distinguen al hombre del animal, se desarrollan básicamente en los tres primeros años de vida. El intento de transitar esta vía aparentemente nueva se ha desarrollado sobre la base de la experiencia y de la consciencia de que la aproximación orgánico-psicológica, valiosa en el tratamiento de la psicosis y neurosis "clásicas", puede brindar una ayuda solo superficial cuando se trata del grupo de enfermedades caracterizadas por los llamados trastornos neuróticos precoces.

El trastorno Borderline

El trastorno borderline o trastorno límite de personalidad se considera hoy, en base a valoraciones psicodinámicas basadas en el nuevo psicoanálisis, esencialmente como idiosincrásica, caracterizada por un trastorno específico del Yo, en el sentido psicoanalítico, que se manifiesta en la incapacidad de reprimirse y en mecanismos defensivos inmaduros como la escisión y otros similares. Se podría hablar de estrategias de negación, así como de un modo inadecuado de representarse todo en blanco o en negro. Desde el punto de vista fenomenológico, esta enfermedad se describe a menudo con un grupo de síntomas variables que tienden a mostrar una notable imprecisión, que la hacen solaparse con los trastornos de personalidad esquizotípica, narcisista e histriónica. Frecuentemente vienen utilizándose criterios descriptivos, diagnósticos del DSM (1), que son más bien rígidos e incluyen solo un restringido grupo de enfermedades, excluyendo algunos pacientes, que desde el punto de vista de la estructura del Yo sufren claramente de trastorno borderline. Para la definición del trastorno se utiliza también, la entrevista semiestandarizada DIB de J.G Gundersohn y J. E Kolb (1978) y otros cuestionarios con preguntas que tienen la meta de hacer emerger el trastorno. Conviene destacar que los pacientes borderline a menudo en la entrevista estructurada en HAWIE llaman menos la atención, mientras que en el ámbito de los tests psicológicos no estructurados (por ejemplo TAT, test de Rorschach) emergen más rápidamente los daños a nivel del pensar formal y de contenido, de la expresión lingüística y de la elaboración afectiva (Singer 1977; Singer y Larsson 1981, Berg 1982). También hay que citar particularmente la entrevista a pacientes borderline de Kernberg (1977, 1981), en parte descriptiva y en parte organizada de forma estructural, que basa el diagnóstico en tres criterios: difusión de identidad, nivel de las maniobras de defensa (la escisión y los mecanismos relacionados con ella como idealización primitiva, la identificación proyectiva, la negación, el control omnipotente y la desvaloración) y finalmente en el límite con la psicosis, la facultad de poner la realidad a prueba.

La definición borderline se refiere originariamente al hecho de que este trastorno no pertenece ni a las neurosis ni a las psicosis. El síndrome borderline manifiesta síntomas de ambos tipos de enfermedades, así como del rango de los trastornos graves de personalidad, diferenciándose de todos modos, de cada una de estas tres categorías de enfermedad.

La enfermedad se muestra como trastorno de la personalidad, con características estructurales permanentes, además de descompensaciones episódicas, que se manifiestan en situaciones de conflicto, que por regla general desaparecen espontáneamente horas o días después pero que pueden llegar a adquirir dimensiones de psicosis (síntomas paranoides o disociativos, alucinaciones, alteraciones de la autopercepción del propio cuerpo). Los síntomas aparentemente neuróticos son, a diferencia de la "neurosis clásica", polimorfos, fluctuantes y "estables-inestables" por utilizar un término expresivo de Schmiedeberg (1959).

Según el DSM IV se diagnostica un trastorno borderline cuando los rasgos constantes de la personalidad responden al menos a cinco de los 9 criterios siguientes (de ahora en adelante, los 9 criterios serán ordenados en sucesión alterada respecto a la del DSM IV):

* Trastorno de identidad: marcada y continua inestabilidad de la autoimagen y de la autopercepción.

* Impulsividad en al menos dos ámbitos potencialmente destructivos (excesos con el dinero, sexualidad, abuso de sustancias, conducción desconsiderada, ataques de bulimia), exceptuando acciones suicidas o autolesivas.

* Repetidos intentos de suicidio, referencias al suicidio o amenazas de suicidarse, comportamiento autolesivo.

* Rabia exagerada o dificultad del control de la rabia, (explosiones de ira violenta, meterse en peleas repetidamente), ira mantenida.

* Visiones paranoicas pasajeras desencadenadas por stress o graves síntomas disociativos.

* Sensación crónica de vacío o aburrimiento.

* Inestabilidad afectiva a causa de una fuerte reactividad del humor (por ejemplo, disforia episódica con alto nivel de irritabilidad o miedo). Estas tensiones duran generalmente algunas horas o raramente unos días.

* Un cuadro de relaciones humanas inestables pero intensas, caracterizadas por una oscilación entre los extremos de idealización y devaluación.

* Intentos desesperados de impedir un real o supuesto abandono.

Los cinco primeros criterios podemos reagruparlos en torno al concepto de trastorno de identidad, en la dificultad de crear acuerdos consigo mismo y saber aquello que se quiere. A esto se suman experiencias crónicas de despersonalización, pero también experiencias agudas de este mismo tipo, por regla general con pocas señales de miedo, (el pánico en relación a la despersonalización indica a menudo una inminente descompensación psicótica), reacciones disociativas de todos los tipos (estados crepusculares histéricos, estados de evasión, amnesia con trastornos de conciencia, posiblemente también la personalidad múltiple).

Los tres últimos criterios se agrupan en torno al problema de la falta de centro en el ámbito del sentimiento. A esto pertenecen el miedo crónico y fluctuante, la depresión sin sentimiento de culpa que se descarga a menudo como rabia ciega contra uno mismo o los otros. El criterio de la sensación crónica de vacío constituye un pasaje intermedio entre las dos categorías.

Entre los nueve criterios no vienen descritos los trastornos del pensar, exceptuando el síndrome de las visiones paranoicas.

Los trastornos del pensamiento y de la percepción, típicos de los pacientes borderline no son del todo desconocidos. A menudo se manifiestan limitados a situaciones de conflicto bajo la forma de percepciones selectivas, experiencias pseudoalucinatorias, prevaleciendo las de naturaleza visual, dismorfopsias, modificaciones en la percepción corpórea, en parte como vivencias de miembros no pertenecientes al cuerpo, incluso como sensaciones de enajenación de todo el cuerpo (provocadoras y facilitadoras de acciones autolesivas). Además múltiples miedos ligados al cuerpo, estados hipocondríacos, síntomas peculiares de conversión. También se describe un pensamiento fantasioso asociativo y confabulatorio, unión de conceptos separados en base a su cercanía espaciotemporal, en vez de según una atribución lógica; a menudo afectividad sobrecargada de imágenes hasta alucinaciones aisladas, frecuentemente distónicas y un tipo de lógica privada.

Andar, hablar, pensar

¿Qué tiene todo ello que ver con el desarrollo del andar, hablar y pensar? Para comprender dicha relación es necesario completar dos pasos:

- Una amplia comprensión de estas tres capacidades: de andar, hablar y pensar, no solo desde el punto de vista exterior, como el mover una pierna tras otra o la emisión de sonidos mas o menos significativa siguiendo una secuencia de pensamientos, sino en cuanto a la configuración de fuerzas activas en todo el sistema espiritual, anímico y físico activo en el ser humano. En la valoración hay que incluir también todo aquello relacionado con la postura vertical, sin la cual no podrían desarrollarse o lo harían en una forma completamente distinta. Lo mismo es válido para el desarrollo del lenguaje y del pensamiento ligado al cerebro.

- Dirigir la mirada al origen espiritual prenatal de estas fuerzas y su trasformación en la vida corpórea sobre la tierra, en la encarnación.

Este segundo paso no es tan fácil de dar, si bien los resultados de las investigaciones científico espirituales aportados por Rudolf Steiner se han demostrado útiles también en ámbitos como en el diagnóstico y la terapia de los trastornos precoces, en tanto que muestran la conexión entre el elemento corpóreo y el anímico espiritual, abriendo de este modo un abanico terapéutico integral.

Andar, hablar, pensar, son expresiones abreviadas, sintetizadas de algo mucho más amplio. En el aprendizaje de andar hay infinitos aspectos más, que el simple tránsito del gateo a la posición erguida y los pasos que se dan al andar. Es mucho más que ponerse de pie alineando el eje corporal y el movimiento oscilante de las piernas. Todo el organismo se transforma por el andar erguido. Esto es particularmente evidente en las piernas, en su estructura ósea y en la columna vertebral con su oscilación de la posición de la cabeza. Son muchos otros los ámbitos implicados en el proceso de aprender a andar. Todo el organismo, con sus posibilidades de movimiento se integra en el espacio tridimensional, con el que se establece por tanto una relación anímico espiritual. Orientación y relación de orientación se forman en el más amplio sentido corpóreo, anímico y espiritual. Además tiene lugar una potente diferenciación entre brazos y piernas. Los pies se plantan bien sobre la tierra, adecuándose a ella hasta en su estructura física. Los brazos y las manos quedan en cambio libres, emancipándose también en sus formas y posibilidades de movimiento de la relación con la tierra, quedando así enteramente a disposición del elemento anímico.

Hablando en términos musicales: las piernas desarrollan una forma de movimiento rítmico y cadenciado, gracias al cual la persona se adecua con su ritmo y compás al mundo externo. Los brazos desarrollan un movimiento melódico en el cual se manifiestan los temas de la vida. El andar rítmico acompasado y la melodía del alma se basan en estos movimientos corporales, resonando por tanto juntos, ya sea en la armonía, como en la disarmonía.

En el aprender a andar se halla contenida la forma en la que el ser humano se sitúa en equilibrio de modo estático o dinámico con el mundo físico. Esto penetra en el campo espiritual y moral. En todo aquello que el niño hace fluir individualmente en la estática y la dinámica y que aprende con la imitación, se encuentran los impulsos de su destino. En la forma de andar se manifiesta el modo en el cual el Yo toma posesión de la Tierra y de su cuerpo y en la relación del Yo con ambos se manifiesta también el carácter. Al erguirnos buscamos el equilibrio físico y al mismo tiempo el equilibrio anímico, la posición desde la cual creamos nuestro destino.

En el movimiento coordinado de la pierna derecha e izquierda nos ponemos en relación dinámica con aquello que está por debajo de nosotros. Los brazos se sueltan y forman una expresión móvil, desarrollando en sus movimientos y gestos un movimiento lingüístico mediante el cual nos ponemos en relación con el ambiente. Los movimientos liberados, las habilidades y particularmente también los movimientos que acompañan a las formas lingüísticas, se convierten en la base del hablar con la voz. Como resultado de ello se logra la consolidación del lenguaje hablado –e indirectamente del lenguaje terrestre en general– en todo el organismo. *"La forma de moverse la mano, de hacer los gestos, la forma en que la fuerza penetra en ella, todo ello va al cerebro, constituyendo el motor del lenguaje..."* (Rudolf Steiner).

Si el niño aprendiese a hablar antes de aprender a andar, entonces le faltaría esta base del lenguaje, este anclaje de la facultad lingüística y por tanto también de la relación social en la orientación. Precisamente en los pacientes borderline ocurre de forma sorprendentemente frecuente que de niños han aprendido a hablar antes que a andar.

Aprender a hablar se basa y se apoya normalmente sobre el aprender a andar y lo que con ello se relaciona se desarrolla como orientación en el espacio.

Todavía es necesaria la intervención de una segunda fuerza básica: la facultad de aprender el lenguaje haciéndolo propio gracias a la imitación de las otras personas que hablan. La esencia de este aprendizaje, de esta intervención de la segunda facultad básica en la formación corpórea sobre la tierra llega, en circunstancias normales en torno al segundo año de vida.

"Si miran en toda esta conexión, si se observa cómo en el proceso de formación de las frases, las piernas actúan sobre la palabra, de abajo arriba, como en el proceso de la articulación de los sonidos, y por lo tanto en el sentir interior de la estructura de la frase asciende el contenido de las palabras, entonces tienen ustedes el sello de cómo actúa el movimiento rítmico –compás del movimiento de las piernas sobre los movimientos temáticos interiores de los brazos y de las piernas. Si el niño, por ejemplo, prefiere un paso de pie firme y regular... entonces si hay una base corpórea que... emerge del

espíritu manifestándose sin embargo en forma física: ésta fundamenta también la estructura necesaria para una correcta división en el hablar, de modo que el niño, gracias al movimiento de las piernas, aprenderá también a formar correctamente las frases... y si un niño no aprende ordenadamente a realizar movimientos armónicos con los brazos, entonces su lenguaje estará como rayado, no sonará bien. Del mismo modo si no llevamos al niño a sentir la vida en sus dedos, no podrá desarrollar sentidos para modular el lenguaje..." (El individuo) hace fluir la estática y la dinámica de sus facultades motrices en aquello que se manifiesta creando la palabra a través del aire... con el lenguaje absorbemos aquello que anímicamente nos apropiamos del ambiente que nos rodea (Rudolf Steiner, conferencia del 16 de Abril de 1923).

Como tercer paso, se aprende a pensar, facultad basada en el andar y en el hablar, pero que llega también gracias a la intervención de una tercera fuerza, de una tercera predisposición. Esto llega normalmente en el tercer año de vida.

Inicialmente el niño asocia a los sonidos que imita, tan solo sentimientos. El pensar se desarrolla solo a partir del lenguaje y hará este desarrollo según el fluir de la lengua, según su corriente, su luz, su colorido, su articulación, su ritmo de flujo y condensación, su melodía y velocidad, coherencia y acentos, diferenciación y matices, fluidez, su control, plasticidad y fuerza de los sonidos singulares y grupales y así sucesivamente.

Mientras que el pensar se desarrolle a partir del lenguaje, entrará en relación cada vez más consciente con el elemento conceptual, inicialmente con lo espiritual del mundo externo y posteriormente con lo espiritual en general.

Andar, hablar y pensar, las tres facultades específicamente humanas, no son independientes la una de la otra; al contrario, la una se basa en la otra, la sucesiva sobre la precedente. Pero en cada nivel se agrega un nuevo impulso que transforma el precedente. Mediante el andar, el hablar y el pensar el hombre, originariamente tripartito en sus componentes físico, anímico y espiritual se convierte en un ser que, en los primeros años de vida está completamente entregado al mundo externo, en el sentido espacial, psicosocial y espiritual, desarrollando el elemento moral, el carácter y el alma con las simpatías y antipatías de la vida y su equilibrio. Desarrolla la naturaleza exterior, incluso su mismo cuerpo, encarnándose así en su querer, sentir y pensar. El mundo terrenal que le circunda se acerca al niño en la siguiente secuencia: espíritu, alma, cuerpo y naturaleza.

Sobre esta base se desarrolla y diferencia más tarde el alma, en la edad en la cual el trastorno borderline se manifiesta como enfermedad.

La adquisición en la sucesión correcta de las facultades andar, hablar y pensar es el presupuesto para la correcta limitación y ajustada colaboración de las tres manifestaciones físicas, anímicas y espirituales en la vida humana. Los tres pasos sucesivos ocurren merced a la imitación de lo que ocurre en el entorno. El niño decide lo que imitará, en base a criterios fundados sobre el amor y la dedicación que reciba.

Con el primer paso se desarrolla —de forma todavía provisional— el Yo individual; empieza a crearse un cuerpo humano en el sentido físico, con el Yo. Los pasos sucesivos se irán dando gracias a los rayos del Yo-Sol, que lo individualizan todo desde el comienzo.

Con el segundo paso, el niño entra y se incorpora en un lenguaje concreto, en un pueblo o grupo étnico. Con el tercer paso se unirá a todo aquello que es humano.

Al margen, citaremos un consejo de Rudolf Steiner, que puede tener una notable significación terapéutica frente a la pregunta: ¿Cómo se puede corregir un desarrollo desfavorable en los primeros tres años de vida, cuando las condiciones posteriores de desarrollo son completamente diferentes? Rudolf Steiner subraya que los tres comportamientos adultos del entorno del niño constituyen una ayuda decisiva en el aprendizaje del andar, el hablar y el pensar: para aprender a andar el amor, para aprender a hablar la verdad, para aprender a pensar la claridad y la determinación.

Subrayamos además que R. Steiner evidencia relaciones entre las alteraciones surgidas en esas secuencias de los tres primeros años de la vida y la tendencia posterior a desarrollar enfermedades somáticas: si hubo problemas en el aprender a andar aparecerá una predisposición a las enfermedades del metabolismo, enfermedades reumáticas o gota. Si hubo problemas en el aprendizaje del habla por falta de verdad en la relación con el niño, particularmente en el 2º año de vida esto le predispondrá a la aparición de problemas digestivos. Si hubo problemas para aprender a pensar a causa de escasa claridad en el entorno del niño, ello favorecerá la aparición de todo tipo de nerviosismo en etapas posteriores de la vida.

Sería interesante indagar la correlación existente entre estas enfermedades y los trastornos psíquicos precoces.

El origen prenatal de las tres facultades humanas fundamentales

A fin de penetrar más profundamente en toda la problemática, deberemos preguntarnos a cerca de la procedencia de las fuerzas que en la vida terrena se manifiestan como capacidades de andar, hablar y pensar. ¿Dónde tienen éstas su origen? ¿Qué capacidades prenatales se convierten en estas capacidades terrenales?

Rudolf Steiner aporta la siguiente descripción de las relaciones postmortem y prenatales y de su transformación en el momento de encarnar en las tres manifestaciones de la naturaleza humana, a través de las cuales el hombre se vuelve en realidad el ser que está en la tierra: el que camina, el que habla, el que piensa.

En la conciencia cósmica entre la muerte y un nuevo nacimiento, ni existe espacio, ni orientación en el espacio, ni la posibilidad de estar de pie o de andar sobre un terreno físico. No existe expresión lingüística que resuene en el aire, ni percepciones sensoriales ligadas a la formación de conceptos que partan del cerebro, tampoco pensamiento asociativo alguno ligado al cerebro. Andar, hablar y pensar son facultades que después de la muerte serán abandonadas, o bien transformadas en facultades que se corresponden a la conciencia cósmica.

¿Cómo nos orientaremos y moveremos entonces? ¿Cómo nos comunicaremos con otros seres? ¿Cómo absorberemos los pensamientos y cómo los elaboraremos? Después de que en la primera mitad de la vida entre la muerte y un nuevo nacimiento, hayamos reelaborado la pasada vida terrenal, en relación con jerarquías cada vez más elevadas, prepararemos en la segunda mitad, la futura encarnación terrenal, siempre en colaboración con otros seres jerárquicos. De forma completamente contraria respecto a nuestra vida terrenal, nuestra interioridad se manifiesta ahora como un cosmos estelar. El universo entero será entonces nuestra interioridad; nuestra actividad exterior servirá a la formación de nuestro futuro cuerpo, que previamente se formará como cuerpo espiritual, portador en si mismo de las fuerzas que organizan el cuerpo físico, que están emparentadas con las fuerzas terrestres, provenientes del padre y de la madre en una "corriente hereditaria". Esta esencia espiritual llamada "germen espiritual", carece de predisposición alguna o fuerza para poder andar, hablar o pensar. Las fuerzas presentes en este germen espiritual se manifiestan en la vida terrena de forma natural, como también las numerosas disposiciones a enfermar, debidas a trastornos de origen kármico. Las capacidades de andar, hablar y pensar no aparecen de forma natural durante la vida terrenal. Estas tienen un origen que procede directamente de las fuerzas de la individualidad, pero que se desarrollan tan solo gracias al ejemplo y a la enseñanza de otros hombres sobre la tierra. Estas facultades no estaban ya presentes previamente en el germen espiritual, sino que solo se pueden adquirir por la individualidad anímico espiritual durante la vida terrenal. Esta individualidad abrazará el cuerpo como resultado de la unión del espíritu y la corriente hereditaria que se desarrolla a lo largo de la vida embrionaria y la infancia hasta llegar a la mitad de la vida. Tal como habíamos visto esto va ligado, sobretodo en la infancia, a una profunda transformación del cuerpo.

¿Cuáles son pues las fuerzas de la individualidad prenatal que se manifiestan a lo largo de los tres primeros años de vida como capacidades de andar, hablar y pensar gracias al hecho de que la individualidad se introduce, humanizando el cuerpo y anclándose en el mundo físico?

Rudolf Steiner explica cómo en el mundo espiritual el hombre, antes de emprender el descenso hacia una nueva encarnación terrenal, entra en contacto con otras entidades humanas y jerarquías espirituales, emparentándose y haciéndose similar a ellas. Se siente ligado en sentido anímico, viviendo bajo su influencia aquello que parte de ellas como fuerzas de simpatía y antipatía. Vive espiritualmente atraído y rechazado, buscando separarse o tener relación con ellas, dependiendo de lo que necesite en ese momento para su desarrollo. En el vincularse o retirarse de determinados seres se orienta entre los seres del mundo espiritual. La capacidad de orientarse espiritualmente de forma centrífuga o centrípeta entre estos seres se transforma en el primer año de vida en la Tierra en la facultad de orientación física en el espacio que es la base de la capacidad de mantenerse erguido y andar. Esta transformación va unida al hecho de que el Yo que llega a la Tierra se liga al sistema metabólico, formándolo.

A la facultad prenatal del encuentro con otros seres se suma una segunda capacidad. Durante estos procesos de encuentro, el ser humano se retira, en cierto modo alternativamente en sí mismo, de forma rítmica; más adelante se abre de nuevo, proyectando sus órganos de percepción espiritual. Deja fluir espiritualmente su ser hacia la lejanía, haciéndose uno con el cosmos, después se vuelve a contraer, en un proceso de respiración espiritual, cuya oscilación rítmica depende de las estrellas, cuyo movimiento y posición, regula el ritmo de los mundos. Nosotros salimos, vivimos allí fuera según un ritmo universal con el cual, en cierto sentido, inspiramos el mundo moral etéreo. Todo lo que allí fuera cultivamos, empieza a revelarse como es: se trata del Logos, en el cual estuvimos inmersos y que después habla en nosotros. Al inspirar en nuestra esencia, las palabras, que están dispersas por el universo, entran en nosotros, revelándose como palabra del universo.

Esta capacidad de inspirar la palabra cósmica, llevándola interiormente a la conciencia, se transforma en torno al segundo año de vida en la Tierra en la facultad de hablar el lenguaje terrenal. En relación a esta transformación el cuerpo astral del ser que se está encarnando se une con la organización lingüística física, con todo el sistema rítmico del hombre formándolo.

Entretejiendo en nosotros, durante nuestra vida prenatal, aquello que el Logos nos dice, se iluminan en nuestro ser los pensamientos del mundo. Del lenguaje del Logos absorbemos los luminosos pensamientos cósmicos. Esta tercera capacidad se transforma, normalmente, durante el tercer año de vida sobre la tierra, en la capacidad de pensar en sentido terrenal, es decir de una forma comparativamente mas oscura, o menos luminosa. Esta trasformación va pareja a la formación del cerebro como órgano del pensar, mediante el cuerpo etéreo del ser que se está encarnando. En dicho cuerpo etéreo se hallan entretejidas fuerzas estelares, que a lo largo de la vida pueden manifestarse como fuerzas del lenguaje, del movimiento, de la sabiduría, de la belleza y del amor, del calor anímico y como fuerzas protectoras.

Conviene destacar de paso: Que la encarnación del Yo, en el hombre terrenal, del cuerpo astral en la organización rítmica, del cuerpo etéreo en el cerebro, puede ser comprendida en su relevancia psiquiátrica de otra forma, con la ayuda de la *"Conferencia sobre el desenfreno"* de Rudolf Steiner del 14 de enero de 1917.

Vamos a citar un resumen de las palabras de Rudolf Steiner en su conferencia del 26 de noviembre de 1922:

"Cuando el hombre desciende a la tierra, en relación a su núcleo espiritual..., , no está capacitado, debido a su procedencia del mundo espiritual para pensar de forma terrestre, hablar en sentido terrenal y andar en sentido de la gravedad terrestre, sino que tiene la predisposición a moverse y orientarse entre los seres de las elevadas jerarquías. No está predispuesto a hablar, está predispuesto a hacer resonar el Logos en si mismo. No está predispuesto a los oscuros pensamientos de la vida en la tierra, sino a los pensamientos, que brillando en él se iluminan en el cosmos.

Esto que sobre la tierra llamamos andar, hablar y pensar, posee su analogía en el mundo espiritual: en primer lugar en la orientación entre las jerarquías, en segundo lugar en el resonar vital de la palabra cósmica y en tercer lugar en el brillar interior del pensamiento cósmico".

En otro punto de la misma conferencia dice Rudolf Steiner:

"Mientras el hombre... se halle bajo la influencia de Saturno, Júpiter y Marte, en realidad no quiere convertirse en un ser que camina, habla y piensa en el sentido terrestre; al contrario se quiere orientar entre los seres espirituales, queriendo experimentar el Logos en sí mismo, quiere hacer resplandecer en si mismo los pensamientos cósmicos. Y con estas intenciones internas se desciende sobre la tierra al núcleo espiritual del organismo físico.

El hombre que desciende desde los mundos espirituales a la tierra no tiene la menor predisposición a adaptarse a la gravedad terrenal, carece de la predisposición a andar, a hacer resonar sus órganos de fonación para que aparezca un lenguaje físico y a pensar con su cerebro físico sobre cosas físicas. No posee nada de esto. El obtiene todo esto gracias al hecho de que, como germen espiritual del cuerpo físico, le es permitido descender, siendo despedido desde la esfera de las fuerzas saturnales, pasando por la esfera Solar, penetrando después en las otras esferas planetarias de Mercurio, Venus y la Luna, transformando en su interior las predisposiciones cósmicas a la orientación espiritual, a la experiencia del Logos, a la iluminación en nuestro interior de los pensamientos universales, en las capacidades del andar, hablar y pensar. El punto de inflexión es posible gracias al sol, o sea al sol espiritual".

Citamos al margen, que los procesos planetarios anteriormente descritos contienen cualidades para el tratamiento medicamentoso de los trastornos ligados a este proceso de encarnación.

La encarnación y sus trastornos

La trasformación de las tres capacidades cósmica, espiritual y anímica, en posibilidades físico-corporales implica en primer lugar una gran pérdida, en el sentido anímico espiritual. La facultad cósmica de la orientación en el encuentro con otros seres, de la comprensión de las fuerzas espirituales de la palabra y la facultad de experimentar las conexiones y objetivos espirituales desaparecidos en las formas corporales y en las correspondientes capacidades terrestres, deben ser antes conquistados en la vida terrenal, particularmente, gracias al intercambio con otros hombres, imitando su ejemplo y gracias a su estímulo. Para que esto ocurra son necesarios presagios, remanentes de nuestra vida prenatal que despiertan anhelos en nosotros, que son un aspecto espiritual perteneciente al andar, el hablar y el pensar. Anhelo que puede aparecer como un aura de estas tres facultades terrenales.

En este contexto pueden verificarse diversos trastornos que actúan de dos maneras: por un lado como desarrollo incompleto del andar, del sentir y del hablar en el sentido indicado en párrafos anteriores y por el otro en las correspondientes facultades anímico-espirituales en la vida terrenal.

A la pérdida de la tercera facultad cósmica, va asociada una gran pérdida en el sentido anímico espiritual. A medida que las facultades celestes se trasforman en otras terrestres, pierde el hombre la experiencia de la moral cósmica.

"La orientación entre los seres de elevadas jerarquías se experimenta...como orientación moral. De la misma manera el Logos habla en forma moral. Y del mismo modo resplandecen los pensamientos universales en el sentido de la moralidad... solo transformando estas cualidades características en las capacidades de andar, hablar y pensar pierde el hombre los elementos morales".

Y algo más adelante en la misma conferencia:

"podría ser también, si en el orden del mundo ello fuese decidido por la voluntad de los dioses, que el hombre aquí sobre la Tierra careciese de la más remota idea de que además de una existencia física individual estuviese dotado de un ser moral, que su andar, hablar y pensar aquí sobre la Tierra se correspondiesen con una orientación celeste, con un Logos celeste y con un estado de iluminación celeste mediante el pensamiento cósmico. Durante su vida terrenal, de no ser estimuladas a propósito, el hombre no sabe mucho de estas imágenes celestes que corresponden con su estar terrenal. Sin embargo sí que perdura todavía algún augurio de aquello en su naturaleza. Todo lo que podría vincular al hombre con el mundo espiritual podría ser olvidado irreversiblemente, hasta perder incluso la voz de la conciencia, si no hubiese aquí en la tierra algún resto activo de lo celestial". (Conferencia del 26/11/1922).

Tres facultades prenatales de la individualidad que se está encarnando se metamorfosean en las tres capacidades corporales del andar, hablar y pensar, las cuales se llevan a cabo gracias a la imitación de los modelos que le rodean.

Al mismo tiempo continúan actuando las consecuencias de las facultades prenatales que, dependiendo del modelo y del estímulo, llegarán a ser más o menos completamente transformadas en cualidades anímico espirituales. Se trata de cualidades que en la vida terrestre permiten establecer una conexión con los mundos espirituales gracias al elemento espiritual presente en los otros individuos y en el mundo sensorial. Andar, hablar, pensar, están en íntima relación con estas capacidades anímico espirituales: El andar estrechamente ligado a la capacidad del encuentro con los otros seres y con la orientación; el hablar ligado a la capacidad de entender lo dicho y hacer resonar en si mismo todo lo expresado a través del habla, por ejemplo: comprendiendo con seguridad intuitiva aquello, que en el ámbito del encuentro humano, el otro trata de expresar. Finalmente la capacidad de pensar terrenal ligada a la capacidad de hacer resplandecer, aunque sea en pequeño grado, el pensar cósmico.

Ambas cosas son necesarias: por una parte querer llegar a ser un verdadero hombre terrenal, adquiriendo plenamente las capacidades de andar, hablar y pensar en base al ejemplo de otros y por la otra querer llegar a mantener un vínculo con el mundo espiritual. Esta unión con el mundo espiritual, que permanece como presagio en el andar, hablar y pensar, puede crecer y plasmarse como cualidad en la vida terrenal, si se estimula adecuadamente.

En los trastornos patológicos de este desarrollo, ambos aspectos están alterados. Tanto los euritmistas terapéuticos, como los gimnastas Bothmer pueden observar muy bien los trastornos asociados al andar (Véase el siguiente artículo de U. Langerhorst en este volumen). Los euritmistas curativos y terapeutas de la palabra pueden observar detalladamente los problemas que van ligados al lenguaje. El problema del pensar se manifiesta en cada conversación en la que el paciente, como hombre terrenal se siente sobreexigido. Todo el que se relacione con este tipo de pacientes conoce el tira y afloja, sin luces, en el cual la conversación amenaza constantemente con detenerse, así como la lógica aparentemente irrefutable y la inflexibilidad de los argumentos que pueden aparecer. Y en el aspecto psicológico:

- La inseguridad en el encuentro con seres (con las personas, aunque también con seres espirituales, como por ej: Ángeles), la falta de orientación sobre la tierra, en el espacio y en el cuerpo, ya sea en relación al propio ser como con la autoimagen, (el comportamiento autolesivo y las tendencia suicidas tienen sus raíces aquí), ya sea en el ámbito profesional, de los objetivos personales, de la sexualidad, tanto en lo que se refiere a las relaciones de amistad, como con su pareja.

- No saben quienes son, ni lo que quieren en la vida.
- El sentimiento de vacío y aburrimiento por la falta de objetivos, que además acrecientan el peligro que constituye la persona por sí misma.
- La inestabilidad en el campo del sentimiento, en el que no existe certidumbre respecto a lo que anímicamente se absorbe, procedente del ambiente; la vida en extremos, que va de un polo al otro; la improvisación, que lleva a la disociación; la sensación de alienación; el miedo, la impulsividad e irritabilidad; el ver todo en blanco o negro, la idealización y devaluación, como causa de inestabilidad en las relaciones, inestabilidad que provoca miedo al abandono, que además es un trastorno en la orientación en relación al propio yo.
- El ser prisionero de los propios procesos de pensamiento físico, hasta llegar a la paranoia, la falta de libertad en el desarrollo del pensar, en la comprensión de conexiones mas amplias, de la luminosidad del pensar hasta llegar a un pensamiento capaz de moverse en el éter y en la vivencia de conexiones y objetivos espirituales.

En el pensamiento del paciente Borderline encontramos una fractura en la lógica (o aparentemente lógica) correlación, entre conceptos físicos, que más bien se asemejan a un pensamiento excesivamente atrapado en lo terrenal y pensamientos espirituales sutiles, estéticos, sin forma, los cuales no concuerdan ni con una forma terrenal flexible y blanda ni con una espiritualidad sólida.

En el sentir se manifiesta una fractura, una falta de relación entre el actuar terrenal y el anhelo de espiritualidad, entre la interioridad del alma y las capacidades sociales. El alma se presenta como dislocada de su anclaje en la organización física, volcada en el entorno, vulnerable y sin protección. El cuerpo astral oscilando de un extremo al otro. En el momento de su encarnación, el Yo no era capaz todavía, de mantener la unidad de sus fuerzas, porque no estaba suficientemente anclado en el andar. Por esta razón en estos pacientes los sentimientos tienden a sustraerse de una elaboración basada en el Yo, a negar verdades incómodas —la veracidad y autenticidad del ambiente de la infancia actúa de forma sanadora— además tienden a no entender las relaciones como efectivamente son. Nuevamente nos topamos con una fractura, la fractura entre las emociones elementales e inmaduras (terror Borderline, ver art. de H. Dekkers) y los más nobles sentimientos por los ideales, a los que les falta, sin embargo, la fuerza que los sostenga.

Esta alteración del proceso de encarnación en los primeros tres años de vida, entre la transformación de las capacidades prenatales (anímico-espirituales), en las capacidades terrenales de andar, hablar y pensar y la realización de las potencialidades dadas (gracias al ejemplo de otras personas), se incluye el *Trastorno Limite de Personalidad,* que se trata de una nueva categoría de enfermedad. Esta tiene una génesis bien distinta de las enfermedades naturales, cuyas causas hay que buscarlas en la corriente hereditaria –o bien, en trastornos del núcleo espiritual, tal como lo encontramos en psiquiatría en las llamadas psicosis endógenas, así como en la disposición a muchas neurosis.

Estas nuevas enfermedades han aparecido de forma evidente en el s. XX y desde los años sesenta han aumentado progresivamente de decenio en decenio. Se podría sospechar que se trata del karma del materialismo.

¿Cuál podría ser la misión de este tipo de enfermedades? Su ataque va dirigido contra el andar, el hablar y el pensar, facultades específicamente humanas, contra el ser humano como ser terrenal y su relación con el mundo espiritual prenatal. En la batalla que libran estos enfermos contra su enfermedad, ¿no estarán conquistando de forma muy especial el ser persona sobre la tierra? ¿No estarán trabajando sobre algo que a la humanidad del futuro le será dado de forma cada vez menos obvia? ¿No estarán rescatando del abandono en que había caído, el deber del consciente cuidado de lo humano?

Bibliografía

Manual estadístico diagnóstico de los trastornos psíquicos DSM–IV, traducido según la edición del "Diagnostic and Statisitc Manual of Mental Disorders" de la Asociación Psiquiátrica Americana; Washington 1994. Gotinga, Berna, Toronto Seattle 1996.k

Berg, M.: "Evaluación psicológica del paciente Borderline". En: *Am. J. Psychotherapy 36 (1982)* 536-546.

Gunderson, J.G., Kolb, J.E.: "Discriminating features of Borderline patients". In.: *Am J. Psychotherapy 135 (1978)* 792-796.

Kernberg, Otto F.: *"Trastorno Borderline y narcisismo patológico"*. Traducción de Hermann Schulz, Frankfurt. *Terapia psicodinámica en pacientes borderline.* Berna, Gotinga, Toronto, Seattle 1993.

Rohde-Dachser, Christa: *El Sindrome Borderline.* Quinta edición, completamente reelaborada e integrada. Berna 1995 *"Trastorno Borderline"*. En *Psiquiatría del presente,* volumen 1. Berlin, Heidelberg, N.York, Tokio. Tercera edición 1986

Schmiedeberg, M.: "El paciente borderline". Ed. Arieti: *American Handbook of psychiatry.* Vol. 1 New York 1959.

Singer, M.T., Larson, D.G.: *"The borderline Diagnosis and psychological tests"*. Hartocollis, P (ed): *Borderline personality disorders,* New York 1977

Singer, M.T., Larson, D.G.: *"Borderline personality and the Rorschach Test". Arch. Gen. Psychiatry 38 (1981)* 693-698.

Steiner, Rudolf. Obra completa. GA. Rudolf Steiner Verlag, Dornach Suiza.

GA174 *Estudios sobre la historia de la época. Segunda parte.* Conferencia del 14 de enero de 1917 (Conferencia sobre el desenfreno).

GA219: *La relación del mundo de los astros con el hombre y del hombre con el mundo de los astros.* Conferencia del 26 de Noviembre de 1922.

GA306: *La práctica pedagógica desde el punto de vista del conocimiento científico-espiritual del hombre.* Conferencia del 16 de Abril de 1923.

Ursula Langerhorst

Euritmia curativa con pacientes Borderline

Introducción

Cada vez con mayor frecuencia nos llegan pacientes con un trastorno Borderline, asimismo cada vez surgen nuevas preguntas sobre los síntomas de esta enfermedad. Algunas características, evidentes en algún paciente, faltan en otro que a su vez puede mostrar otros gestos diferentes. En este artículo intentaremos resumir el cuadro entero de síntomas en tres grupos.

¿Qué fenómenos, visibles en la euritmia terapéutica, hacen referencia a un trastorno en el proceso de andar, hablar y pensar? El que más nos llama la atención es el repentino estar a punto de caerse del paciente Borderline. Mientras que en los pacientes con trastornos neurológicos me surge espontáneamente tenderles la mano para impedir que se caigan, con los pacientes Borderline no tengo ese impulso.

Hice una lista con todos los pacientes en los que observé este fenómeno. Entre ellos estaba la Sra. A, a pesar de que en ese momento no estaba aun diagnosticada de TLP. Sus innumerables síntomas físicos y fuertes dolores estaban tan en primer plano que ello me impidió darme cuenta de las alteraciones que tenía, relacionadas con el desarrollo del andar, hablar y pensar. Los médicos que la trataban eran desde luego conscientes de que carecía de otras posibilidades de expresión que no fuesen a través del dolor, sin embargo en la euritmia curativa la sintomatología dolorosa impedía de tal modo la ejecución de los ejercicios, que inicialmente solo podía hacerlos en posición sentada con una esfera de cobre, como en el caso de un enfermo grave.

A medida que superaba la sintomatología más llamativa se hacían evidentes los trastornos más profundos.

En los siguientes tres capítulos sobre trastornos en el desarrollo del andar, hablar y pensar, trataré de describir las observaciones que pude hacer en diversos pacientes con trastorno borderline. Esta descripción está dividida en tres niveles de percepción según los siguientes puntos de vista:

- ¿Cómo se manifiesta la personalidad del paciente en los ejercicios de euritmia terapéutica?

- Cuál es el "lenguaje visible" que está tratando de mostrarse, o que podemos comprender a través de estos gestos?.
- ¿Cuál sería la intención?, ¿cuál el objetivo de vida?, ¿cuál el problema vital subyacente? tras estos gestos.

A ello se unía la pregunta: ¿Cómo se puede llegar a una terapia partiendo de estos tres niveles de percepción, a través de un "diagnóstico eurítmico"?

Andar

Erguirse, estar en pie, orientación en el espacio, manifestaciones de los trastornos

No poder estar de pie

La Sra. A casi siempre se apoyaba en la pared delante de la puerta de mi sala de trabajo y cuando quería saludarla al entrar, su mirada a penas se encontraba con la mía. Al darle la mano, la suya carecía de fuerza y era huidiza. Caminaba lentamente arrastrando los pies. Parecía levantar un pie tras otro fatigosamente. Permanecía de pie en medio de la estancia con una pierna colgando como en forma de signo de interrogación, o bien volvía a apoyarse en el muro. Todo en ella parecía laxo y sin fuerza. Se podría decir que "se dejaba andar". Un día tras una sesión de euritmia grupal en la que estuvo sentada con las piernas sobre la silla o colgando, cuando le pregunté que para qué había venido si se sentía mal para trabajar, su respuesta fue: "normalmente dicen de mi (médicos y terapeutas) que me dejo andar".

La Sra. C era de constitución corpulenta y robusta. Se sentaba siempre en un escalón de la escalera, lejos de la puerta. Cuando me acercaba a saludarla, venía hacia mi titubeante, volvía la cabeza y después se ponía con la espalda contra la pared palpándola y como buscando apoyo en ella. Mientras hacíamos los ejercicios no se ponía nunca enfrente de mi —no lo hubiera soportado— yo debía andar siempre a su lado y hacer con ella todos los ejercicios.

Perdida imprevista del equilibrio

Como en el caso de la Sra. A, también la Sra. B, frecuentemente en medio de un ejercicio llegaba a caerse, a pesar de que desde que era una niña había sido entrenada para deportista de élite, habiendo desarrollado, a la fuerza pues, un excelente sentido del equilibrio.

No podía imaginar que la Sra. A fuese, durante la sesión de euritmia tan proclive a la pérdida de equilibrio ("patosa", como ella se autodenominaba), habiendo conducido pocos años atrás una potente motocicleta.

Ante mi puerta la encontraba, o bien apoyada contra la pared, o a menudo sentada con las piernas cruzadas en posición de loto sobre la dura e incómoda silla de madera. A veces, cuando no quería participar en la terapia de grupo, adoptaba de nuevo esa postura en la sala.

Al practicar con estos pacientes el paso a tres tiempos se puede observar cómo al elevar un pie y ser capaz de apoyarse con fuerza sobre la Tierra, muestran poca fuerza de voluntad y en el segundo tiempo, llevan con inseguridad el pie rápidamente hacia delante. En el tercer tiempo, al apoyar nuevamente el pie no logran conectarse bien con la Tierra.

Escasa orientación en el espacio

Para la Sra. C inicialmente era imposible situarse en el centro de la sala. Trataba de ubicarse junto a la pared para poder apoyarse y sentía miedo de avanzar hacia delante o de ir hacia atrás.

La Sra. A lograba ubicarse en el centro de la habitación pero era incapaz de extender los brazos. Cuando finalmente tuvo el coraje de estirarlos, el acto de volver a cerrarlos le producía dolor (En el ejercicio "E-amor").

No conseguir andar

Al inicio de la terapia, la forma de andar de la Sra. D estaba completamente alterada. Tan solo lograba dar pasos muy lentos, como si las piernas no le acompañasen. Esta impresión se acentuaba por el hecho de que calzaba unas pesadas "moonboots" (botas lunares) y que debido a ello se movía como una verdadera astronauta sobre la luna en ausencia de gravedad.

En la Sra. E. era particularmente evidente un paso casi automático, como si el acto de andar sucediese sin su participación. Los brazos colgaban sin vida paralelos al tronco. Al andar por la calle los brazos permanecían inmóviles y no conseguía alargar el paso.

No conseguir alargar el paso y no tener un paso seguro, a menudo son síntomas de TLP (*Trastorno Límite de Personalidad).*

En el caso de la Sra. F., aunque fuese probable este diagnostico, sin embargo tenía un paso firme, pesado e infantilmente torpe y a pesar de otras características singulares de su forma de moverse, aunque solo por su forma de andar, para mi no era una paciente Borderline.

¿Qué expresan estos síntomas?

No ser capaz de permanecer de pie o cansarse rápidamente al andar, buscar constantemente apoyo en la pared, en un objeto o en otra persona son todas ellas características que se manifiestan en casi todos los pacientes con el *Trastorno Límite de Personalidad.*

La Sra. A cuenta cómo en el pasado buscó siempre personas mayores en las que poder "apoyarse". "Mantenerse sobre sus propios pies" le producía pánico. Otros pacientes, a pesar de poseer capacidad, talento e inteligencia fracasaron en su vida profesional.

En discrepancia con su constitución, que era grande e imponente, la Sra. C no era capaz de sostenerse sobre sus propios pies. A causa de su falta de estabilidad no lograba *"manifestarse como persona"* (Rudolf Steiner, *Euritmia curativa,* conferencia del 13 de Abril de 1921). Se quedó como si fuese una niña grande: tímida, temerosa e incapaz de expresarse con la palabra. Tal vez sea el estar en pie de la manera "correcta" el presupuesto para la capacidad de hablar y, por lo tanto, la terapia básica para todos los trastornos del lenguaje.

La imprevista pérdida de equilibrio que se manifiesta en diversos pacientes me ha conducido a preguntarme: ¿Existen trastornos del equilibrio anímico que puedan ser desencadenados por una sobreexigencia?, (por ejemplo: ¿ejercicios nuevos y desconocidos?). Cuando la Sra. A llegaba a la sesión de euritmia curativa "inestable y torpe", como hacía tiempo que había dejado de serlo, yo le preguntaba: ¿Le ha pasado a usted algo esta mañana? En efecto, durante la terapia ocupacional había tenido una pequeña vivencia dramática que le había "hecho perder completamente el equilibrio".

En el caso de la Sra. B esta falta de equilibrio no era causada por cosas de la vida cotidiana, sobretodo se debía a su situación vital: se había formado para una profesión (deportista de competición), para la que sentía que no daba la talla. Esto la desquilibraba psicológicamente.

Los pacientes Borderline se desestabilizan más fácilmente que el resto de las personas. ¿Habrá que buscar la causa en la infancia temprana cuando los primeros intentos de ponerse en pie y buscar el equilibrio no se pudieron dar en condiciones de tranquilidad? No ser capaz de ligarse a la Tierra: estar sentado con las piernas cruzadas en posición de loto con las suelas de los pies en el aire; sentada en la escalera sobre un escalón abrazada a sus rodillas con la cabeza inclinada, como en posición fetal, esta lectura expresa lo que les cuesta a estos pacientes vincularse con la Tierra.

¿Qué está expresando la falta de sentido de orientación en el espacio?

A todos los pacientes con TLP les falta la conciencia del espacio situado detrás de ellos. Hay un miedo a lo desconocido, a lo invisible. El paso hacia atrás es titubeante, incierto, casi tambaleante. Cuando están de pie parece como si estuviesen apoyando la espalda contra la pared y este "muro" es duro, impenetrable y oscuro.

En euritmia, el moverse hacia delante expresa la forma en que una persona se mueve hacia sus objetivos vitales y moverse hacia atrás muestra la confianza que una persona tiene en su guía espiritual. Considero el espacio de atrás el "espacio del ángel custodio" y así se lo hago saber a los pacientes que sienten miedo a andar hacia atrás. Andar hacia los lados expresa lo duradero.

Un niño pequeño que se pone por primera vez en pie, busca inconscientemente el equilibrio entre delante/detrás, derecha/izquierda, arriba/abajo, verificándose el milagro! Si además, en el caso de un trastorno debido a causa externa o interna, el niño no logra erguirse antes de empezar a hablar, o bien dobla las piernas cada vez que los padres pretenden ayudarle a dar ese primer paso vital, puede hacer que en la etapa adulta aparezcan alteraciones de orientación espacial del estilo de los descritos anteriormente. En todo paciente borderline observamos "miedo a la vida", debido a esta incapacidad de ir a espacios abiertos. Esta tendencia de estar "apoyado contra el muro", cuando el espacio de atrás permanece como cerrado para él, esta incapacidad de pasar a través de la nada en un ambiente, indica en todos los pacientes borderline el "miedo a la vida." No ser capaz de andar, de alargar el paso, carecer de objetivo (meta), son características que observamos en casi todos los pacientes que presentan un TLP.

Por la calle la Sra. A caminaba siempre aparentemente como sonámbula, sin casi levantar los pies del suelo. La Sra. D tenía también este modo de proceder lentamente, arrastrando los pies. En la Sra. E llamaba la atención el andar "automático" que describimos anteriormente. No tenía buen dominio de sus piernas, a pesar de haber ganado competiciones deportivas unos años antes. Ahora, en la fase aguda de un episodio psicótico se podía observar que su conciencia, su sentir y su corriente vital en el fluir del movimiento (cuerpo etéreo), no estaban ya "en" los brazos y las piernas. Su forma de andar tenía algo que recordaba a una marioneta, como si fuese guiada desde arriba, desde fuera. Los brazos colgaban sin vida, tal como se observa a menudo en los pacientes psicóticos. A todos los pacientes les falta la fuerza que guía el andar.

Las alteraciones del equilibrio descritas hasta el momento al ponerse de pie, mantenerse erguido, andar, ligarse a la tierra y relacionarse con el espacio, pueden ser definidos sintéticamente como una dificultad en la capacidad de adaptarse a la gravedad. *"Andar es superar la gravedad"* expresa Rudolf Steiner. *"Al elevar una pierna para dar un paso, nos sometemos a la fuerza de la gravedad"* (conferencia del 26/11/1922, GA. 219). En los pacientes que no se han introducido correctamente en la gravedad, que se caen, cada vez que levantan una pierna, este síntoma va generalmente unido al miedo. En la euritmia curativa este miedo se manifestaba en la incapacidad de la persona de andar hacia atrás.

Este síntoma de miedo, que en el caso del trastorno Borderline está tan en primer plano, o sea, la incapacidad de penetrar en el espacio de atrás en el caso de la euritmia curativa, podría ser definido como la pérdida de relación con el propio ángel.

Percibiendo esta pérdida del espacio de atrás, surgía en mí una y otra vez la pregunta: ¿Cuál podría ser la relación entre la aparición de este miedo y la insuficiente capacidad de superar la gravedad al aprender el niño a dar sus primeros pasos? ¿Cómo puede una persona adulta recuperar conscientemente aquello que en el desarrollo infantil quedó incompleto? En la citada conferencia del 26 de noviembre de 1922 Rudolf Steiner dice: *"Al igual que aquí sobre la Tierra nos relacionamos con nuestro peso, allí (o sea en el mundo espiritual) nos relacionamos con las fuerzas de simpatía que partiendo de seres singulares de altas jerarquías llegan a nuestro ser"*.

En la euritmia curativa trabajamos conscientemente con todo aquello que se halla relacionado con nuestro "peso". Trabajando con el paso a tres tiempos podemos observar en cada fase nuestra relación con la Tierra: primero, separarnos con decisión y voluntad de la Tierra y oponernos a ella; segundo, movernos libremente en la dirección en que se encuentra nuestro objetivo y tercero, religarnos a la Tierra de nuevo con empatía. Mediante los ejercicios que nos brindan una mejor orientación espacial, ganamos una posición erguida segura. Un ejercicio muy importante es el de la "A-devoción", que nos conduce al espacio desconocido para la conciencia diurna, oscuro y amenazante de detrás. Este espacio puede ser iluminado si logramos restablecer una relación con nuestro ángel, aceptando su fuerza y simpatía por nuestro ser. A esto se encaminan los gestos de simpatía y antipatía de la euritmia curativa.

Hablar

Respiración, gestualidad, comunicación

Síntomas del trastorno en el habla

No deja de ser complejo el asunto de la repercusión del desarrollo lingüístico en el movimiento, sin embargo se le puede relacionar principalmente con dos importantes movimientos: inspiración y espiración, en euritmia llamados "contraer y soltar".

Contraer

La Sra. C está replegada y sentada lo más lejos posible de mi puerta. Cuando entra, vuelve la cabeza (mirando para otro lado), al saludar retira la mano, se apoya en la pared y durante la media hora de los ejercicios no pronuncia ni una palabra. Cuando le hago una pregunta reacciona con particulares movimientos rotatorios de las manos, mientras los dedos están contraídos y deformados como patas de araña. Tenía aspecto de estar sobrefatigada y en todos sus gestos se mostraba tensa y bloqueada (esta Sra. había cuidado largo tiempo a una enferma). Yo la trataba con mucha cautela, pues tenía la sensación cómo si me encontrase ante un globo hinchado que pudiera reventar de un momento a otro. Sin embargo un día la vi tras la sesión de euritmia, entregando un paquete en la consigna de la entrada, moviéndose con total normalidad y "soltura", si bien en la sesión había estado completamente contraída.

Tensar y soltar

La Sra. G no llamaba la atención por sus movimientos, tan solo parecía un poco bloqueada y mas bien hiperactiva. Tenía capacidades para el movimiento y le encantaba moverse. En la euritmia, gimnasia Bothmer y bailes populares sus gestos se mostraban llenos de sentimiento, bellos y expresivos. Un día me preguntó sobre lo que era capaz de "leer" en sus movimientos eurítmicos y cometí el error de decirle que sus movimientos eran expresivos y en realidad "sanos". El médico que la trataba me contaba mas tarde que también su madre le había dicho siempre que tenía un aspecto sano. Poco tiempo después la Sra. G. empezó a moverse de forma completamente distinta: sin ganas, floja, con expresión facial de aburrimiento, como de no saber qué hacer consigo misma (vacío interno). Si al principio en la euritmia de grupo ella misma era un sostén, ahora a veces estaba sentada limitándose a mirar al resto o a marcharse de la sesión. Debido a esta desgana que se adueñó de ella, desafortunadamente abandonó demasiado pronto la terapia. Un tiempo después un miembro de ese mismo grupo que la conocía, me contó impresionado que acababa de hacer un intento de suicidio, del que se salvó por los pelos y sobre el que le había escrito de una forma tan superficial y distante como si lo hubiese hecho un extraño. En esto se manifiesta el cambio de humor tan típico en ella: "dentro de sí-fuera de sí".

Soltar

En el caso de la Sra. E, que estuvo pocas semanas conmigo y decidió después viajar a un centro de meditación en otro país, solo pude percibir gestos que expresaban vacío total y agotamiento. Sus brazos y sus manos carecían de fuerza expresiva y pendían sin vida a lo largo de un cuerpo que parecía paralizado. Sus gestos se habían vuelto "mudos", si bien podíamos conversar normalmente con ella. Había concluido sus estudios con éxito, pero ahora estaba completamente vacía y agotada.

Modalidad de movimiento infantil en la edad adulta

He descubierto modelos de este tipo en la Sra. F y posteriormente, observando a niños pequeños, que precisamente empiezan a correr y en base a impulsos imprevistos se mueven hacia cualquier cosa. Este espontáneo modo de obrar y reaccionar en esa edad infantil es normal, mientras que en la edad adulta resulta extraño. Un niño pequeño reacciona inmediatamente con movimientos cuando algo sucede en el entorno. Se trata de gestos no guiados desde la consciencia, que aparecen de forma imprevista, que expresan algo que todavía no puede ser verbalizado. En el caso de Ana, una niña de 2 años, resulta delicioso el lenguaje de movimiento corporal con el que trata de trasmitir que no puede abrir la puerta. Pero cuando un adulto hace movimientos de torsión de las manos en vez de responder verbalmente, (como la Sra. C en el ejemplo citado anteriormente en "contraer"), se puede suponer que hubo una alteración en el desarrollo lingüístico, pues los movimientos recuerdan a los del niño pequeño antes de haber aprendido a hablar.

Cuando salía por la puerta, ante la cual me esperaba la Sra. F, ésta saltaba de la silla dando un brinco, como si respondiese al impulso inconsciente de correr hacia cualquier cosa. Tenía siempre en los labios una sonrisa particular, ladeaba la cabeza en actitud interrogativa, como lo haría un niño. Todos sus movimientos eran algo desmesurados y no estaban suficientemente penetrados de consciencia. Su paso, aunque un poco torpe y pesado era sólido.

Los movimientos de la Sra. H eran algo infantiles. Antes de la sesión de euritmia esperaba siempre delante de mi puerta, apoyada en un ángulo de la pared y cuando abría le provocaba un susto que la hacía dar un salto y temblar todo su cuerpo. Cuando se ponía mala se sentaba en su cama, rodeada de muñecas hechas por ella. Era tan desmedidamente miedosa que apenas era capaz de participar en un ejercicio. En la sesión de euritmia curativa se comportaba siempre como una niña pequeña que teme ser castigada si se porta mal. Con ocasión de una fiesta en carnaval me sorprendí de conocer su lado "normal": se la veía suelta, sabía bailar bien y me ofreció una bebida. ¡Era la patrona de la casa! Tanto en los casos de la Sra. F, como de la Sra. H la alternancia entre mímica infantil y movimientos de adulto resultaba cuando menos sorprendente.

Escasa expresividad de los gestos anímicos y de los sonidos
Gestos inconscientes en sustitución del lenguaje

En la mayoría de los pacientes Borderline la fuerza expresiva de los sentimientos es muy inestable. Cuando el Sr. K estaba de buen humor se expresaba mediante movimientos muy expresivos, pero su capacidad de expresión mediante gestos era muy reducida y llegaba un punto en que no sabía qué hacer consigo mismo. Esto fue algo que impidió que pudiera seguir hacia delante en su formación de euritmista. Le faltaba la continuidad expresiva.

De igual modo la Sra. C podía llevar a cabo movimientos fluidos y expresivos, sin embargo rara vez era capaz de entrar de lleno en la experiencia de los sonidos, porque casi siempre se empeñaba en mostrar con gestos grotescos que estaba mal. Cuando más tarde pude preguntarle por la causa de esta forma de moverse me respondió: "¿No ha comprendido que solo le quería trasmitir lo mal que me encontraba?".

La Sra. A estaba generalmente apagada y desganada en los movimientos de los sonidos y los gestos anímicos, pero comunicaba además constantemente a través de movimientos inconscientes que estaba mal. Cuando estos gestos, más adelante se hicieron conscientes, consiguió entrar mejor en los movimientos eurítmicos, que se volvieron más expresivos. El lenguaje consciente de los movimientos logró la supremacía sobre aquellos inconscientes.

Cuando por primera vez me encontré frente a la Sra. D., probé a hacer con ella la B (conocía la euritmia curativa de la clínica en la que anteriormente había sido tratada de trastornos somatomorfos). Imitaba el gesto y después por una abertura que hacía entre los dedos índice y mediano me observaba con un ojo fijamente, de tal modo que yo pensaba que me hallaba frente a una persona en pleno brote psicótico agudo. Después me decía: "Antes debo abrir un poco las persianas". En las semanas siguientes no era capaz de hacer ningún gesto de vocales sin antes contarme que la anterior euritmista con la que había trabajado lo hacia de otra manera. No ponía objeciones a mis indicaciones, pero con cada ejercicio tenía que hacer un comentario, quería saber siempre el porqué y para qué de cada ejercicio, lo que le impedía entrar en la experiencia de la euritmia. Cuando le propuse que primero hiciésemos el ejercicio y luego hablásemos sobre él, esto suscitó su indignación. "Durante mi tratamiento precedente el médico que me trataba me indicó que debía expresar inmediatamente lo que pensase", me dijo. Antes del segundo periodo de euritmia el médico le puso como condición expresa no hablar durante los ejercicios. Finalmente empezó a entrar en el movimiento y poco a poco empezó a colaborar. Esta Sra. había pasado ya por muchas terapias. Demostraba una actitud de haberle sido "inculcado" algo, en vez de entregarse con seguridad a la experiencia.

Contraer

Resumiendo podríamos decir: existen estados Borderline en los que la palabra viene frenada, impidiendo "el lenguaje visible" de la euritmia, porque estos pacientes se ocupan, a veces de forma compulsiva, en expresar sus sensaciones a través de gestos inconscientes, mostrando estos gestos un estadio previo del lenguaje.

Relajar, Soltar

Existen otras circunstancias en las cuales se habla en exceso, creando tal flujo de palabras que obstaculizan el "lenguaje visible" o expresado de otra forma, en estas personas la desgana y los sentimientos de vacío a veces son tan grandes, que les impiden entrar de lleno en los movimientos eurítmicos.

Ambos estados pueden alternarse, expresando nuevamente los movimientos respiratorios: hacia dentro de sí-hacia fuera de sí, contraer y soltar.

En el trascurso de unas cuantas semanas la Sra. G. mostró ambos estados. Podríamos definirlo como "trastorno anímico respiratorio": aquellos pacientes que han absorbido un exceso de impresiones sin llegar a elaborarlas y a transformarlas están cargados, silenciosos y en la euritmia se expresan a menudo con gestos excesivos y teatrales. Tienen demasiado "aire", del cual no logran liberarse, pudiendo explotar en cualquier momento. Se trata casi de un "asma psíquico", una incapacidad anímica de espirar.

Aquellos pacientes que se han prodigado excesivamente o que a lo largo de la vida fueron incapaces de absorber contenidos espirituales, están interiormente vacíos, aburridos, no saben qué hacer con ellos mismos. Sus movimientos eurítmicos son flojos, inexpresivos, no hablan, cuando el trastorno amenaza con desembocar en psicosis, pueden volverse incluso "automáticos". Para estos pacientes que padecen este "vacío interior", se hace evidente lo que Rudolf Steiner hace casi 110 años profetizó en su ciclo de conferencias *"fe, amor, esperanza"*: Si estas fuerzas no se desarrollan suficientemente veremos en el futuro personas que no sabrán qué hacer consigo mismas.

El tercer tipo de trastorno Borderline consiste en un continuo alternar entre estos dos estados extremos y es además el más frecuente. Estos pacientes se presentan en las sesiones de euritmia curativa cada vez en un estado diferente y con distintas molestias. A veces muy cargados, como a punto de explotar y por tanto incapaces de absorber la experiencia del sonido (como la Sra. D y la Sra. C). Otros, en cambio, flojos y desganados, vacíos y sin fuerza para absorber el sonido o entrar en el gesto. Los tres estados hacen difícil o imposible al paciente poder entrar en la euritmia. Si a pesar de todo logran meterse en ella, esto demuestra la necesidad tan grande del paciente de experimentar precisamente un "lenguaje visible"[1], porque en todos ellos se dan alteraciones del lenguaje y la respiración, si consideramos los términos "lenguaje" y "respiración" en su más amplio sentido.

Lo esencial en todas las manifestaciones anteriormente descritas, radica en que nuestra atención, va dirigida a los trastornos del desarrollo en la etapa en la que se aprende a hablar, reconociendo que todos los pacientes Borderline padecen trastornos verbales y respiratorios de este tipo.

Esta percepción puede conducirnos a muchas preguntas sobre el desarrollo del niño en la primera infancia: ¿No se ha podido transformar el lenguaje gracias al desarrollo del pensar?, ¿demasiados eventos no han podido ser elaborados y pesan sobre el

[1] Rudolf Steiner llamó al curso sobre euritmia de la palabra, que dio del 24 de Junio al 12 de julio de 1924 en Dornach "Euritmia como lenguaje visible".

alma (la respiración)? O bien ¿se ha desarrollado el hablar antes de haber aprendido a andar, o sea sin la base necesaria?

En la euritmia curativa, los ejercicios respiratorios pueden ser de gran ayuda pues pueden llevar a experimentar esta polaridad y además a encontrar un centro equilibrante entre ambos polos.

Los ejercicios anímicos, la U-esperanza, la E-amor y la A-devoción son particularmente importantes en aquellos pacientes con dificultades para comunicarse. Pero también otros gestos del alma que expresan dolor, alegría, fervor y devoción permiten expresar los sentimientos en una forma objetiva, de modo que se vuelven innecesarios otros gestos inadecuados y distorsionados. De este modo aparece un "lenguaje" nuevo transformado. Un ejercicio tan sencillo y básico como "contraer y relajar" los brazos y las manos hace conscientes las polaridades.

La polaridad del sonido S (fuerza altamente plasmadora) y la H (tendencia a disolverse) y alternando con la M en el medio (fuerza mitigante y mediadora) crea la serie de sonidos SMHM, indicada por Rudolf Steiner. En el trabajo con pacientes borderline este ejercicio está en el centro del tratamiento eurítmico curativo.

En la euritmia musical, la vivencia de la tonalidad mayor y menor, con la disonancia al término del periodo terapéutico, ha permitido objetivar los singulares estados de ánimo. Era necesaria mucha fuerza de voluntad para aprender a controlar el desgarro interno que se producía en la formación de disonancias, pero las practicamos especialmente con ganas.

Apéndice del capítulo "Hablar":

Respirar

El "trastorno respiratorio" que aparece de forma más evidente y frecuente en el comportamiento de estos pacientes es un "concentrar y soltar" llevado a los extremos, tal como en la euritmia se representan los colores blanco y negro. La Sra. L siempre venía a la sesión vestida de negro de la cabeza a los pies; con ajustados leggins y una capucha negra en la cabeza, me la encontraba siempre sentada frente a la puerta, con la cabeza apoyada sobre las rodillas. Mi primera impresión fue que necesitaba la luz de los colores para que pudiese salir de ese ambiente en negro. Practicamos la polaridad entre el blanco y el negro en los movimientos eurítmicos en gran crescendo, con todos los demás colores en medio. Particularmente importante es el verde, el color del centro sosegado, que se hace siempre al final del ejercicio. Experimentando estos opuestos polares, objetivados desde el estado anímico interno, la Sra. L. dijo pocas semanas después: "También mi humor es así, cambia constantemente, en ocasiones, varias veces al día". Después de haber practicado el estar completamente contraída y a continuación expandida, dijo espontáneamente: "De niña, cuando estaba en la cama unas veces me sentía muy pequeña y otras grande e inflada como si fuese un globo".

También la secuencia de los sonidos SMHM con sus fuertes polaridades se correspondía exactamente con la variabilidad de sus estados de ánimo y la Sra. L. encontraba, particularmente la M de gran ayuda, gracias a su centro equilibrante.

Pensar

Atención, concentración, seguridad en los objetivos
Manifestaciones de los trastornos en el pensar

En los movimientos eurítmicos se expresa en menor medida aquello que podría aportar pistas sobre el pensar del paciente, pues se esconde a niveles mas profundos y se manifiesta más escasamente en la gestualidad que en el habla.

La dificultad de concentración se hace "evidente" por el hecho de que los movimientos repetidos se realizan de una forma inexpresiva y casi automática. La mirada se dirige a la ventana, la percepción hacia el mundo externo. En casi todos los pacientes Borderline falta el estar presente aquí y ahora durante los ejercicios (presencia espiritual). A veces el pensar está ocupado con la consulta o la terapia precedente y esto puede durar horas o días.

Continuidad

La Sra. L venía ya hacía varias semanas a las sesiones de euritmia curativa, sin embargo, cada vez que venía le tenía que explicar desde el principio cada ejercicio, como si no lo hubiera hecho nunca antes. Cuando le expresé mi sorpresa al respecto, pues era despierta e inteligente, me respondió: "me falta continuidad". También en otros pacientes noté que no se puede construir nada sobre lo practicado previamente, que no se puede anudar ningún hilo conductor con el pasado.

Perspectiva sobre diversos aspectos

Mientras practicaba los sonidos, la Sra. D decía frecuentemente en tono de reproche: "La euritmista anterior hacía la B (o la M) de forma completamente distinta a usted". Le resultaba difícil imaginarse el sonido individual de la D bajo distintos aspectos. Por la misma razón los pacientes a menudo dicen: "La otra vez hemos hecho el ejercicio de modo completamente distinto", como si esto fuese contradictorio. No solo no lo es sino que además ayuda a poder practicar un sonido en su pluralidad formal, representando una tras otra todas la formas posibles de hacerlo, mostrándoselo como aspectos parciales de una gran unidad.

Pensamientos recurrentes

Este es un síntoma que padecen muchos pacientes. En la sesión de euritmia lo manifiestan en la mirada que expresa un no-estar-presente, que además vuelve los gestos vacíos e inexpresivos. Podemos frenar esos pensamientos recurrentes, trabajando con sonidos fuertes, ejercicios de concentración en los que dan palmadas con las manos, golpes de pie contra el suelo o bien lanzando la jabalina, que haremos en cambio constante de ritmo.

La Sra. L a menudo de improviso, mientras se hallaba en medio de un ejercicio, hacía un movimiento de rechazo hacia atrás con la mano izquierda, al tiempo que decía: "¡ya vuelven a estar ahí instalados!". Siempre la acompañaban interiormente las personas con las que mantenía algún conflicto y no solo en el sentido de una alucinación. No lograba librarse, en su pensamiento de estas personas, tampoco durante la sesión de euritmia curativa.

Capacidad cognitiva

La capacidad cognitiva de estos pacientes podría ser buena, pues la mayoría de ellos perciben mucho más que la media; están hiperalertas pero les resulta difícil distinguir lo esencial de lo superfluo. Puede pasar, por ejemplo que un ejercicio pequeño que sirve para aclarar más la diferencia entre la G y la B le induzca a decir repetidamente, por no captar la diferencia la primera vez: "¡¡Aún tenemos que practicar más la G!!"

Comprensión

A menudo me pregunto hasta que punto los pacientes comprenden aquello que reciben en las sesiones. La Sra. A era capaz de imitar cada gesto y además era bastante hábil, pero no tenía comprensión alguna sobre la esencia de un gesto anímico. Las manos las veía más como instrumento que como posibilidad de expresión. "¿Debería rotar las manos de esta o de otra forma para poder entrar en el espacio detrás de mí?", decía.

¿Qué sugerencias para la terapia nos aportan estas observaciones? En la euritmia curativa he intentado que sean los pacientes los que decidan la medida en que un ejercicio o un sonido deberían ser realizados y no les dejo hacerlo más de lo que ellos puedan practicarlo con plena atención. Son ellos mismos los que deciden la velocidad en la formación del sonido, así como el tiempo de relajar entre los sonidos. Articulo el sonido en su movimiento y no decido nada a través de mi lenguaje. Naturalmente esto solo es posible después de haber practicado el sonido con los pacientes, un periodo determinado de tiempo y a condición de que la ejecución individual no constituya para ellos una carga excesiva. Si este desarrollo hacia la práctica autónoma se cumple con cuidado, entonces podrán realizar los ejercicios con plena concentración: El pensar estará plenamente integrado en los gestos y nacerá la conciencia de las expresiones del sentimiento en las vocales y del lenguaje de las formas en las consonantes.

Una indicación esencial de Rudolf Steiner puede hacer que el pensamiento consciente se integre plenamente en los movimientos. En el curso de euritmia curativa él llama la atención de que para practicar todas las consonantes, hay que crearse una imagen interior de uno mismo en movimiento, "autofotografiarse" a sí mismo. En el trabajo con el paciente, lo llamo "atención", con la cual percibimos interiormente las formas que se van creando sin mirar con los ojos. Por ejemplo podemos proponerle que haga una B en su espalda y en cada momento formarse una imagen de cómo se crea y se disuelve el propio movimiento. Llevando la atención a cada dedo se advierte inmediatamente si se forma el sonido con el pulgar o el meñique abiertos, lo que siempre indica falta de la consciencia en las manos. Estos malos hábitos en la formación de los sonidos, como chascar los dedos o bien la tendencia a "dejar fluir hacia la periferia", con mano y dedos completamente abiertos se irá corrigiendo por si misma y desde el interior, a partir de la imagen que el paciente se haga de si mismo, lo que hará que definitivamente deje de tener que corregirle. De este modo se estimula también la aproximación autónoma a los ejercicios, algo importante para las personas con TLP, pues casi todos ellos tienen dificultades para practicarlos a solas.

Ejemplos de sesiones prácticas de euritmia curativa

En la sesión con la Sra. M me llamó la atención, la ejecución automática de sus movimientos, lo que indicaba una falta suya de atención. Cuando le trasmití mi parecer, reaccionó con rabia y rechazo, se sentía como "desenmascarada" y no estaba dispuesta a continuar. Buscó refugio en una colega mía de euritmia de grupo y le propuso continuar con ella la euritmia curativa.

Tampoco con la Sra. A tuve éxito inicialmente. La confrontación con la imagen de su propio movimiento condujo también a hacerle darse cuenta del lenguaje inconsciente de gestos que expresaba en la vida cotidiana, como por ejemplo su hábito de pasarse el dorso de la mano por la cabeza para indicar que le dolía; apoyarse en la pared para expresar que estaba sin fuerzas; o bien caerse imprevistamente para expresar que tenía vértigo. Los médicos le llamaron la atención sobre su tendencia a desviar la mirada y a la cortina de pelo ocultándole el rostro, pero tuvimos que posponer por un tiempo el hablarle de su forma de moverse, pues amenazaba con refugiarse en una psicosis, como ya hacía un año que se refugiaba en sensaciones dolorosas y problemas somáticos. Solo en la 4ª fase de la euritmia terapéutica la confianza mutua había llegado a ser tan sólida que se instauró una buena colaboración.

En los movimientos raramente se notaba la tendencia a proceder intencionadamente del interior al exterior. Con la Sra. A ejercitamos mucho la I ya en la 2ª fase de la euritmia curativa. Sin embargo se limitaba a imitar los gestos externos sin sentirlos interiormente, lo que los volvía vacíos de expresión.

¿Qué es lo que se está expresando con la falta de atención en los ejercicios?

En la mayoría de los pacientes la falta de atención va unida a la incapacidad de practicar autónomamente. Por una parte los pensamientos quedan repetidamente atrapados en la resonancia de los acontecimientos pasados y en la tensión ante los venideros, o sea, no logra estar en el presente. Por otra parte a los gestos les falta evidentemente aquella agudeza, dignidad y solemnidad con la que se expresa un pensar que se ha desarrollado sanamente.

También el trastorno de la termorregulación está expresando la incapacidad de acalorarse o de "entusiasmarse" por un pensamiento. Solo logran concentrarse fugaz e impulsivamente en un pensamiento y sin continuidad. No logran sujetarlo ni convertirlo en un hilo conductor que les sirva de orientación en la vida.

La falta de dirección y la incapacidad de fijarse un objetivo de vida se hace particularmente evidente en el ejercicio de la I, que debe por ello plantearse como el final de un largo tratamiento eurítmico curativo. Asimismo en la dificultad para seguir una línea recta, lo que sucede cuando se le hace avanzar y retroceder por ella (línea del yo), revela lo difícil que les resulta a estos pacientes ir decididamente hacia una meta. Lo mismo ocurre con las formas geométricas. A los pacientes les falta la visión de conjunto previa al inicio de un movimiento, una especie de previsión del mismo. Empiezan, se paran a los pocos pasos y ya no saben como seguir. Les falta la secuencia, en el desarrollo de la sesión de euritmia curativa. A veces he tenido la impresión de tener que empezar cada vez desde el principio. No podía construir nada basándome en la sesión precedente pues el estado del paciente variaba cada vez, dependiendo de los acontecimientos cotidianos y esta situación de inestabilidad podía conducir fácilmente a iniciar en cada sesión un "tratamiento sintomático" diferente, en vez de continuar trabajando concentradamente sobre el núcleo del trastorno.

Con la Sra. C, que me sacaba por lo menos una cabeza de altura, debía andar detrás de ella o a su derecha, dándole ánimos continuamente, estimulándola, sosteniéndola, llevándola conmigo y acompañándola interiormente durante los ejercicios. Tal como describí en el capítulo precedente, también a ella le faltaba la fe en una guía espiritual, en un ángel que situado detrás nuestro nos infunde ánimos diciéndonos: "tú puedes". La fe en un mundo espiritual puede nacer con la ayuda del ejercicio A-devoción, y el euritmista entonces, en vez de tener que acompañarle, puede trabajar situado frente al paciente.

Resumen de las experiencias y sugerencias para la terapia

Sobre la base de las experiencias realizadas hasta ahora (especialmente con la Sra. A, que estuvo mas de un año en tratamiento), lo deseable para tratar a los pacientes con TLP, sería un espacio eurítmico curativo de un año. Los ejercicios iniciados en el ámbito clínico pueden naturalmente prolongarse un año ambulatoriamente. Ello es necesario en enfermedades que tienen su origen en trastornos del desarrollo infantil, porque el problema se sitúa a niveles muy profundos, difíciles de abordar terapéuticamente.

El ritmo día-noche es importante, porque el Yo que conjuntamente con el cuerpo astral se sumerge en los cuerpo etéreo y físico durante el día, por la noche puede separase de ellos. Este ritmo noche-día, en la mayoría de pacientes con TLP está alterado. Cuando al comienzo del tratamiento de euritmia curativa tenemos al paciente con nosotros, podemos influir fuertemente sobre su Yo. Lo ideal sería hacer un ejercicio por la mañana al despertar y otro por la noche, antes de ir a dormir.

El cuerpo astral, en unión con las fuerzas estelares, vive según un ritmo semanal. Lo ideal y deseable sería pues un periodo de siete semanas porque los ejercicios tendrían entonces efecto sobre el cuerpo astral. Cuando se trate de trastornos a nivel de dicho miembro constitutivo, esa sería la duración correcta de un ciclo de euritmia curativa.

El cuerpo etéreo, que vive según un ritmo mensual, está mayormente ligado a las fuerzas lunares, que actúan también en el crecimiento vegetal, los flujos de las mareas y particularmente en el ciclo menstrual femenino. La pausa entre uno y otro ciclo de euritmia curativa debería de ser, idealmente de un mes, tiempo en el cual los ejercicios se incorporan profundamente en el paciente, a medida que los "olvida". Tras esta "pausa creativa" será mucho lo que se habrá consolidado y sobre esta base se puede continuar construyendo.

El efecto de la terapia sobre el plano físico se manifiesta en el ritmo anual. A lo largo del tratamiento clínico resulta por ello tan importante festejar juntos el transcurrir de las fiestas del año y vivir los ciclos de las estaciones, que en la euritmia de grupo es un tema fundamental.

En el caso de la Sra. A, tan solo fue posible trabajar sobre su inconsciente lenguaje gestual a partir de la 4ª fase de la euritmia curativa (después de casi un año seguido de terapia). El intento realizado en la 3ª fase a punto estuvo de desembocar en un brote psicótico.

El euritmista curativo precisa de mucha paciencia para aproximarse a la esencia de estos "trastornos primitivos".

Plan de terapia en cuatro fases eurítmicas para pacientes Borderline

Primer Ciclo (siete semanas) - Ejercicios para erguirse, estar en pie, andar y experimentar el espacio:

Ejercicios con barra de cobre, sobre todo en 7 y 12 tiempos (con movimientos acompasados de brazos), manteniendo en todo momento la consciencia de cómo se relaciona con la Tierra en esos tres tiempos. La línea del Yo: avanzar hacia delante y hacia atrás, experimentar el espacio de detrás. Alternar formas derechas y redondeadas: de forma activa hacia atrás, pasivamente hacia delante y después circundar activamente con un círculo. Los cuatro primeros ejercicios anímicos: al inicio del ciclo SI/NO y simpatía-antipatía. En las últimas semanas las vocales E-amor y U-esperanza. Al final del ciclo introducción de las cinco vocales. Ejercicio de la U con los pies tanto en posición erguida como sentado.

* * *

Al menos cuatro semanas de pausa, en la cual puede hacer gimnasia Bothmer.

* * *

Segundo Ciclo (siete semanas) ejercicios de respiración, vocales y relación Yo-mundo:

Ejercicios con la barra de cobre, sobre todo la espiral

Concentración y expansión como preparación al ejercicio de respiración vocal AEIOU. O bien ejercicio de respiración musical: mayor-menor, hasta llegar a la disonancia. Dejar que experimente en las vocales: "¿En que relación me encuentro con el mundo?" (Por ejemplo: sorpresa con la A y límite con la E). Ejercicios de concentración y expansión, o sea la respiración anímica: SI-NO y U-Esperanza. Gestos anímicos de polaridad: Tristeza/Alegría, Desesperación/Esperanza, Odio-Amor. En la 2ª mitad del ciclo eventualmente los ejercicios anímicos que más están en relación con el cuerpo físico: B-migraña, M-agitación de la cabeza + R rítmica que como grupo de tres ejercicios abarca la completa tripartición del ser humano (lo que se hace evidente en la flexión de las piernas, de la cabeza y del tronco) y finalmente, para concluir, la E-habilidad para reforzar todo lo dicho hasta aquí.

Un gran ejercicio vocal, que puede adaptarse individualmente a cada persona, o bien un gran ejercicio de la I.

* * *

De nuevo cuatro semanas de pausa de euritmia curativa, haciendo gimnasia Bothmer.

* * *

Tercer ciclo (siete semanas), consciencia de los gestos (consonantes) y ejercicios sociales:

Conocer la geometría del cuerpo. Formas geométricas como el pentagrama que se deben recorrer como exploración espacial. Consonantes (por ej. la serie evolutiva, la serie estimulante o tranquilizante). Ejercitar consonantes individuales, formándose una "imagen de aquello que se quiere realizar con el movimiento". Practicar la concentración. Los llamados ejercicios "sociales", los ejercicios del alma, de desarrollo en dos, la O y la E en el espacio. En la segunda parte del ciclo, los dos últimos ejercicios anímicos HA (risa eurítmica) y AH (A-devoción), la primera como ejercicio de despertar matutino, el segundo como ejercicio de dejarse ir vespertino, ya que conduce hacia el espacio de detrás, elevándole hacia lo espiritual. Gran ejercicio de la I, para el fortalecimiento de la personalidad.

* * *

Pausa eurítmica.

* * *

Cuarto Ciclo (con el objetivo de favorecer una aproximación autónoma a los ejercicios).

Consolidación de lo practicado hasta ahora. Ejercicios individuales. Gran ejercicio de la I. Retrospectiva de los ejercicios realizados hasta ahora. ¿Cuál de estos tres grupos de ejercicios es el más importante? Se puede pasar otra vez por los doce ejercicios anímicos o por la serie evolutiva.

Bibliografía

Steiner, Rudolf: Obra General (GA), Editorial Rudolf Steiner. Dornach, Suiza.

Fe, Amor Esperanza- tres etapas de la vida humana. Dos conferencias, Nüremberg 2 y 3 de diciembre 1911.

GA130: *El Cristianismo esotérico y la dirección espiritual de la Humanidad*

GA219: *La relación del mundo de los astros con el hombre y del hombre con el mundo de los astros. Comunión espiritual de la humanidad.* Conferencia del 26 de noviembre de 1922.

GA279: *Euritmia, lenguaje visible del alma.* Curso de euritmia de la palabra.

GA315: *Euritmia Curativa.* Conferencia del 13 de Abril de 1921.

Henriette Dekkers

Hombres fronterizos entre la Tierra y el Cielo *Borderline*: Un trastorno de la encarnación del alma en su camino hacia la Tierra

Introducción

Relación con investigaciones precedentes

Este ensayo representa un intento de ampliar los actuales principios diagnóstico-terapéuticos en el ámbito del *trastorno límite de personalidad* (Borderline) desde el punto de vista de la investigación en el campo científico espiritual, mediante la experiencia clínica antroposófica.

Para este estudio trabajaremos partiendo del DSM-IV y el CIE, cuyos criterios diagnósticos definen de forma tan ejemplar la sintomatología, el nivel de funcionamiento y la dinámica interna, que permiten llegar al diagnóstico *"Trastorno Borderline de Personalidad"*.

En cuanto a las bases teóricas y terapéuticas haremos referencia explícita a los principios de investigación y tratamiento llevados a cabo meticulosamente por la escuela psicoanalítica-existencial, en cuyo ámbito numerosos excelentes colegas contribuyeron a la comprensión del trastorno Borderline. Concretamente serán muy tenidas en cuenta las investigaciones llevadas a cabo por J. Bolwy, Otto Kernberg, H. Kohut y M. Mahler.

En cuanto a las investigaciones terapéuticas haremos referencia concreta a la escuela de G. Benedetti de Basilea y Milán.

En este ensayo se incluyen los resultados de las investigaciones de A.Gruen sobre las consecuencias de los trastornos vinculares y relacionales en el desarrollo temprano del niño.

El objetivo principal de este trabajo es contribuir a la comprensión del Síndrome Borderline desde el punto de vista antroposófico, describiéndolo desde una perspectiva humanística. Las investigaciones sobre el *Trastorno Límite de Personalidad* (TLP), llevadas a cabo hasta el momento por Diether Beck de Buchen Bach (Alemania), W. Minne, de Bilthoven (Holanda) y H.Solms de Ginebra (Suiza), constituyen una importante base para este trabajo.

Introducción en el tema

La problemática Bordeline se manifiesta plenamente tras el nacimiento del Yo. Cuando el Yo se dispone, al comienzo de la edad adulta, a asumir su posición, se encuentra con una dinámica inadecuada, cuya característica central es una escisión dominante, en cuyos límites y abismos se desarrolla el TLP. Esta escisión se encuentra entre "arriba" y "abajo", así como entre "dentro" y "fuera".

Analicemos la división entre "arriba y "abajo". En el alma se abre un abismo insuperable entre el "Yo ideal, espiritual y cósmico" y el "Yo terrestre responsable de lo cotidiano". El paciente Borderline tiende más bien a unirse e identificarse con su Yo cósmico, algo que no logra con su opuesto terrestre, responsable de sus actos cotidianos. Todo lo que sea biográfico-terrestre será visto como un "sufrimiento impuesto", no fue "elegido autónomamente" y es sentido como algo falso, como una ilusión o mentira. Esta no-identificación conduce al rechazo del cuerpo en formas que van desde diversas formas de autodejadez y automutilación hasta gestos de destrucción e intentos de suicidio.

Rudolf Steiner en 1920 ya había profetizado que habría en el futuro un dramático aumento de esta enfermedad. Describió como los niños vivirían de forma cada vez más intensa, este doble aspecto de la naturaleza humana, como una discrepancia cada vez más insoportable. "Pues realmente el ser humano no es un ser terreno, el ser humano en realidad es un ser cósmico, que pertenece a la totalidad del universo. Por un lado el hombre está ligado a la Tierra, por el otro se sentirá como un ser cósmico". Esta profunda disarmonía en su autoexperiencia en un futuro próximo, puede llevarle a vivencias desgarradoras, además la sensación de dependencia de cualidades únicamente terrestres, heredadas, fundamentadas en una visión materialista, cada vez le hará sentirse más deprimido *"y esta sensación aumentará a velocidades increíbles... hasta convertirse en algo insoportable...pues este sentimiento va unido a otros, con una determinada sensación de falta de valor de la existencia humana"* (1). En este punto hay que decir en relación a estas particularidades, que tomamos en consideración las cualidades psíquicas "hereditarias" a partir del fundamento corpóreo, o procedentes de la educación general recibida y de las costumbres de la familia y del pueblo (2).

Hay una pregunta esencialmente humana que se volverá crucial: *"¿Quién va a revelarme mi esencia espiritual?"* En esta fase de la evolución, la dolorosa discrepancia, la escisión, pesarán de forma terrible sobre el ser humano y tan solo, soportando con perseverancia ese dolor llegará finalmente a encontrar su verdadero Yo. (3)

La insistente demanda de muchos pacientes Borderline es: "trátame según mi ser suprasensible". Aquí se hace patente la personalidad Borderline, con su identidad suprasensible cósmica, sufriendo por todo lo terrenal. Esta identificación con el Yo ideal, con la patria cósmica, unida al rechazo —al horror— frente a todo lo terrenal, a veces incluso a lo corpóreo, es específico de la enfermedad Borderline.

El 23 de Marzo de 1919 Rudolf Steiner habló sobre el encuentro en el mundo espiritual entre difuntos recién fallecidos y las almas próximas a encarnarse. El describe el horror de estas almas al sentir la vida terrestre del difunto y el doloroso anhelo consiguiente de transformar profundamente el materialismo sobre la Tierra, espiritualizando la existencia terrenal. Consiguientemente cada vez se encarnan más almas humanas "*que poseen el anhelo de limpiar todo aquello que de materialismo se ha ido acumulando sobre la Tierra*". En un sentido, profundamente trágico, estas almas a veces anhelan destruir formas de existencia materialistas, "*porque no hubieran querido aparecer en un mundo que todavía ofrece continuidad a aquello que ya ha sido*". Rudolf Steiner advierte todavía que un anhelo semejante de destrucción, de esta destrucción del materialismo podrá ser fácilmente utilizado "*por todos los poderes luciféricos y ahrimánicos posibles*" (4).

Precisamente esto es lo que se muestra en la dinámica Borderline: un profundo deseo de espiritualizar la existencia terrenal y al mismo tiempo, debido a la decepción y la incapacidad de soportar dicha existencia, en vez de afrontar este conflicto, la personalidad Borderline, casi sin excepción busca el camino de la identificación con lo celeste, con lo ideal en si mismo y en el otro. Como consecuencia la imagen idealizada del hombre se escinde de la persona que actúa continuamente en la biografía.

La tendencia a la escisión indicada por Rudolf Steiner sobre lo que se considera esencial en la personalidad Borderline, parece corresponderse con el diagnóstico psiquiátrico al uso (DSM-IV): "Un patrón de relaciones interpersonales inestables e intensas, caracterizado por la alternancia entre los extremos de la idealización y la devaluación", oscilando entre las más elevadas expectativas y la insoportable desilusión en lo que respecta a si mismo y los otros, así como entre gestos profundamente simbióticos con ataques de ira o rechazos fríamente destructivos.

A la luz de lo tratado hasta aquí, se vuelve prioritaria la cuestión de encontrar un centro integrador.

Dirijamos ahora nuestra atención a la segunda escisión: "dentro" y "fuera". No pocas personalidades Borderline se quejan de "sentimientos crónicos de vacío". Corporalmente esto se expresa en forma de opresión respiratoria o dolor crónico en la región del corazón y pulmón, frecuentemente acompañado de frío, así como de la impresión de tener un agujero interno. A la persona le embarga un sentimiento de muerte, o bien siente un espacio lleno de fuerzas en conflicto en las que tiene lugar una lucha entre la vida y la muerte.

A la problemática "dentro" "fuera" pertenece como un problema grave: el determinante fenómeno de la inversión en las relaciones entre el Yo y el ambiente (centro y periferia); de tal modo que el entorno se convierte en yo y el yo en entorno inmediato. Como consecuencia del caos social resultante sufren, no solo la personalidad Borderline, sino –y en no menor medida– todas las personas de su entorno.

También aquí se vuelve relevante la cuestión de un centro en la personalidad, pues tales inversiones y escisiones pueden darse únicamente cuando la región central (el centro del hombre, o sea el sistema cardio-pulmonar) se vuelve incapaz de cumplir su cometido.

Rudolf Steiner hizo referencia en numerosas ocasiones a las competencias del sistema rítmico (5). Su cometido más importante sería, según sus indicaciones, el integrar en el plano físico-corporal al hombre neurosensorial o imaginativo y al volitivo, esto es, la persona activa en el sentido biográfico. En relación con esta función integradora, el sistema rítmico en una persona sana tiene una sensibilidad que le permite crear un acuerdo entre "arriba", "abajo", "dentro", "fuera", "yo" y "tu". Entre las tareas de este centro del hombre se encuentran: crear consciencia, reflexión, equilibrio y balanza entre fuerzas polares extremas. Sin embargo que esto ocurra, y especialmente desde el siglo pasado, va a depender en creciente medida de la voluntad del hombre. Si este esfuerzo de la voluntad no puede ser cumplido, entonces en vez de concordia, comprensión e integración, emergerán escisión, incomprensión y los daños anteriormente descritos (6).

La personalidad Borderline viene fuertemente conformada en su dinámica y estructura anímica por esta problemática, que es sintomática de nuestro tiempo.

La estructura anímica se caracteriza por el hecho de que se está llenando continuamente de otras personas. Tiene constantemente la necesidad de llenar la propia personalidad con aquello que los otros explícita o implícitamente esperan del individuo. Tanto el ser ideal como el cotidiano serán determinados en el pensar, en el sentir, e incluso en los propios objetivos, principalmente desde el mundo externo. Si esta expectativa no llega a satisfacerse a través de los otros, aparece un estado interno de pánico. Aparece un vacío anímico que los demás desde el exterior viven como falta de amor e interés, que desencadena en él un sentimiento de culpa autodestructivo. Pues sentirse amado es para la personalidad Borderline una necesaria confirmación de su propia existencia. No ser amado va a ser equiparado a ser malo. La propia existencia será percibida como en peligro.

Carentes de una identidad propia positiva, las personas afectadas van a procurar defenderse del amenazador vacío interior, llenándolo de una "identidad prestada".

Aparece entonces una continua oscilación anímica entre:

Espacio "no Yo" – Espacio "Yo prestado"
Estar hueco o vacío – Estar lleno
No existir –Existir hasta el agotamiento, hasta la autoexplotación y autoalienación por unos ideales o personas de referencia.
Miedo– Omnipotencia
Culpa biográfica – Sentido de culpa frente a otros

Desde el punto de vista psicodinámico –en la retrospectiva biográfica– han sido descritas diversas tentativas de autocuración "para llenar el vacío anímico":

- Tendencias simbióticas para ser absorbidos completamente desde el punto de vista anímico por la persona de referencia como en la primera infancia, con el fin de superar el profundo miedo al abandono.

- Tendencia a la individuación parcial, que será percibida, sin embargo, como sentimiento de culpa y como si fuese algo indigno.
- Tendencia a satisfacer de forma parcial y conflictiva los sentimientos, impulsos sexuales, ideales y objetivos.

Haciendo un atento análisis, los procesos anímicos de los trastornos de personalidad Borderline y narcisista, vemos que se muestran complementarios, porque la personalidad narcisista sigue la dinámica de llenar todo su entorno de si mismo, con la esperanza, casi compulsiva, de hallar en éste un eco afirmativo, un reflejo de confirmación. A esto mismo tiende la personalidad límite. Desde el punto de vista científico espiritual, el trastorno Borderline no manifiesta únicamente la tendencia a la escisión, sino también a la, anteriormente citada, falta de un centro en el individuo. Desde un punto de vista antropológico, este hombre autocentrado, que tiene su punto de partida en el ámbito del pulmón/corazón, se encuentra en un estado de continua evolución (desarrollo). A propósito de esto, Rudolf Steiner explica, cómo aquella función comunicativa de corazón y pulmón, o sistema rítmico se va debilitando paulatinamente porque las fuerzas vitales del corazón, del llamado corazón etéreo se están desvinculando poco a poco del corazón físico. En relación a esto, la tarea de la humanidad sería, partiendo de un acto volitivo libre y de una introspección imaginativa volver a unir (religar) (7) el ambiente que nos rodea con el mundo espiritual, el mundo interior con el mundo exterior. Antes de lograrlo, esta situación de la humanidad en general —algo que observamos en la personalidad Borderline con total nitidez, generará una doble sensación: frente a si mismo un sentimiento de vacío y de frío; frente al mundo contiguo una hipersensibilidad.

Mientras que el sistema cardiopulmonar sea incapaz de cumplir su función comunicativa-mediadora, puede aparecer una tendencia caótica típica de una personalidad Borderline, pues en el centro hay un vacío y entonces sus impulsos, que ya no pueden ser retenidos por sus conexiones naturales, pueden moverse libremente.

Polaridades como externo e interno, paraíso e infierno, amor y odio, idealización y desvalorización son indicios del vacío existente. Ello significa que el Yo no es capaz de penetrar las fuerzas del alma, ni cumplir su función humana mediadora específica. Como tercer elemento de la partida, el Yo queda como "outsider" (forastero). Por todo ello, no llega a terminar las funciones de las que desde hace unos 2000 años hasta ahora, debería haberse hecho cargo, en el marco general de la evolución de la humanidad. Desde el comienzo de nuestra era cristiana se viene preparando la entrada del Yo en la interioridad del hombre terrenal como fuerza propia actuante entre cielo y tierra, luz y oscuridad y esto constituye, desde el punto de vista histórico un punto de inflexión de enorme significado. "Pues donde dos o tres se reúnan en mi nombre", dice el portador arquetípico de este Yo, el Cristo, "ahí estaré Yo, en medio de ellos".

Sorprendentemente en esa misma época, existían centros de iniciación que, como orientación principal, carecían de esa trinidad. Por ejemplo, las ceremonias de iniciación en la "Villa de los Misterios" de Pompeya del antiguo imperio romano (de la 4ª época postatlante) muestran imágenes, que más o menos muestran la dinámica Borderline anteriormente descrita. A dos figuras centrales que se expresan como opuestas se enfrenta una tercera figura en calidad de extraño. Este extraño se encuentra de frente, por una parte al elemento anímico-celeste (Ariadna) y por otra al terrenal-masculino (Dionisos). Y en vez de crear una conexión, este tercer elemento será nuevamente escindido en un sujeto extático y en una figura flagelada por un demonio.

El mundo del paciente como primer impacto: "El terror Borderline"

En relación a esta problemática, resulta fructífero observar la experiencia interior del individuo diagnosticado como personalidad límite.

A este propósito son necesarias dos premisas:

- Sobre la denominación "Borderline": resulta ser un término de diagnóstico clínico, originario de Estados Unidos y que se utiliza hoy internacionalmente en correspondencia con la dinámica interna de los afectados, de los "seres fronterizos".
- Sobre la condición Borderline: el comportamiento externo del paciente que conduce al diagnóstico clínico "Borderline" corresponde una forma concreta de tener la vivencia de uno mismo como individuo y del mundo que le rodea. En la medida en que estas estructuras se vean amenazadas desde fuera o se rompan, se crea clínicamente un complejo de los llamados "mecanismos primitivos de defensa" que, debido a su dinámica le llamaremos aquí "terror borderline".

El terror Borderline

Una de las consecuencias de los cambios en la relación entre el corazón físico y el etéreo es la clarividencia anímica; pero no compenetrada por una percepción del otro guiada desde el Yo sino acogida de forma pasivo-receptiva. La personalidad Borderline como consecuencia se siente completamente indefensa y a merced del lado oscuro, de los rasgos del doble, así como de todos los aspectos inconscientes e incompletos de la persona que tiene enfrente. Esa movilidad reactiva en sí misma de forma inconsciente su propio lado oscuro. Este estado de "terror Borderline" es constantemente temido y evitado, en lo posible. Desde el punto de vista anímico este estado es como un shock de violencia primitiva, como si "fuerzas existenciales" negasen a la persona afectada el derecho a la vida. Para evitar este estado la persona desarrolla en el transcurso de la vida un complicado mecanismo defensivo, que sin embargo funciona solo de forma incompleta y puede verse amenazado inesperadamente o incluso destruido por el mundo exterior.

Antes de que llegue a producirse un estado de "terror Borderline", el alma de la persona afectada se experimenta desde el punto de vista de su estructura ideal, en relación a objetivos de vida, capacidad de sacrificio, sentido artístico, inteligencia, belleza, talento, amabilidad, religiosidad o sensibilidad. Este nivel revela una naturaleza doble de luz y de sombra: eleva a la persona por encima de la vida cotidiana gris ordinaria, sin embargo la llena de fuertes sentimientos de soledad, pues eso no se desarrolló y consolidó sobre la base de relaciones y experiencias con otras personas. Este gesto anímico comienza entre el año 21 y 28 de la vida y se vivirá de forma cada vez mas intensa en las sucesivas fases de la vida.

Desencadenantes del terror Borderline

Dirijamos nuestra atención a las situaciones externas, descritas por los pacientes, desencadenantes del "terror Bordeline":

- Muestras de desprecio, difamaciones u ofensas súbitas por parte de importantes figuras vinculares o de referencia.
- Incomprensión o malinterpretación, muestras de desinterés o rechazo, especialmente en situación de desgarro anímico.
- Alienación impuesta por los otros. Negación de deseos o necesidades existenciales.
- Desconsideración completa, o negación de la persona o de sus intenciones.
- Situaciones en las cuales se reciben fuertes acusaciones unidas a sentimientos de culpa.
- Stress excesivo debido a deberes o expectativas.
- Reacciones impredecibles por parte de otros.
- Sentimiento de impotencia en situaciones de diálogo.
- Amenaza de pérdida real o definitiva de una importante persona de referencia.
- Descubrimiento de un abuso sufrido.

Al inicio Luz y Oscuridad

Si analizamos el contenido y la cualidad de los recuerdos de las personas Borderline, veremos como durante el proceso terapéutico aparece la siguiente constelación:

- Recuerdos claros, a menudo nítidamente definidos de las interacciones en el sentido anteriormente descrito, con importantes personas de referencia en la familia, el colegio o la iglesia en la primera infancia.
- Un clima de constante amenaza en el ambiente, que la conciencia del niño observaba en su valor moral.
- Experiencias extracorpóreas, a menudo en relación con sueños, ángeles, vivencias de luz, así como experiencias anticipatorias y de empatía.

Los recuerdos negativos suscitan y suscitaron en el pasado un continuo dolor, horror y devastación anímica. En esta situación la persona se siente a menudo como encadenada, pero la liberación temporal de esta situación se alcanza solo gracias a la plena comprensión y dedicación procedente del entorno.

Pensar, Sentir y Querer

Dado que el hombre medio no es capaz de cumplir su función de mediador, el pensar se escinde del sentir, el sentir de la voluntad y la voluntad de la imaginación. Las intenciones de los actos y de la voluntad pierden la conexión con los deseos con los que se relacionan. Los sentimientos desdibujan las representaciones corrompiendo las acciones concretas: finalmente cada nivel anímico conduce, en cierto sentido a una vida propia. En cuanto el entorno sobreexije o desafía a este hombre-centro y su conducción desde el Yo, el paciente reacciona condicionado por su forma de ser con el "terror Borderline", que presenta las siguientes características:

- Confusión, donde el pensar es vivido como una consecuencia de contradicciones irresolubles, tormentosas, sin salida.
- Miedos emocionales debido a rechazos vividos y pérdida de atención de figuras vinculares importantes en el pasado, rigidez en el sentimiento y sensación de vacío interior, unidos a la sensación de no existir más para los otros.
- Terror a perder relaciones de referencia, ligado a una omnipotente sensación negativa.
- Pavor existencial ante el desenlace : la situación parece sin salida. La parálisis y sensación de pánico crece hasta hacerse abismal, abismo en que corre peligro de precipitarse.

Una evaluación Goetheana

Dieter Beck hace referencia a una particular *gestualidad* anímica en el paciente Borderline. También nuestra experiencia confirma que un alma de este tipo:

- Se muestra receptiva hasta hipersensible, consciente hasta hiperconsciente, a menudo activa y móvil, llamando la atención en el campo social, por sus particulares talentos y capacidades.
- Conecta con ideales y tiende a orientarse a elevados valores, por ejemplo en relación al sentir cósmico, pensamientos de autosacrificio y similares.
- Presenta retraso o inversión en el desarrollo evolutivo consecutivo de andar, hablar y pensar, debido a causas propias o ajenas.

Su vía de encarnación se caracteriza por:

- Recuerdos de tinieblas, pero también de luz, en la primera infancia.
- Frecuentes experiencias de sustos, pavor, desilusión, dolor y sensación de estrellarse contra el mundo.
- Tendencia a retirarse repentinamente de relaciones afectivas, replegándose en el ámbito anímico del propio pensar y querer en un mundo de ensueños-cósmico, ideal o ilusorio.
- Sentimiento de culpa vivido desde la primera infancia en el sentido de equiparar "ser Yo mismo" a "ser culpable".

Este fenómeno puede ser resumido en lo siguiente: Mi cuerpo no es la base del Yo, el mundo no es mi patria.

El siguiente croquis ilustra este estado:

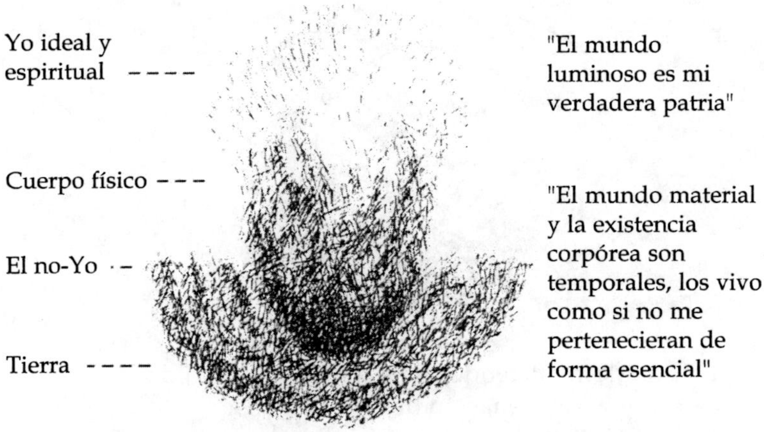

La siguiente imagen ilustra la lucha por la encarnación:

Nostalgia por la patria cósmica
Identificación con la figura ideal
Lucha por el reconocimiento

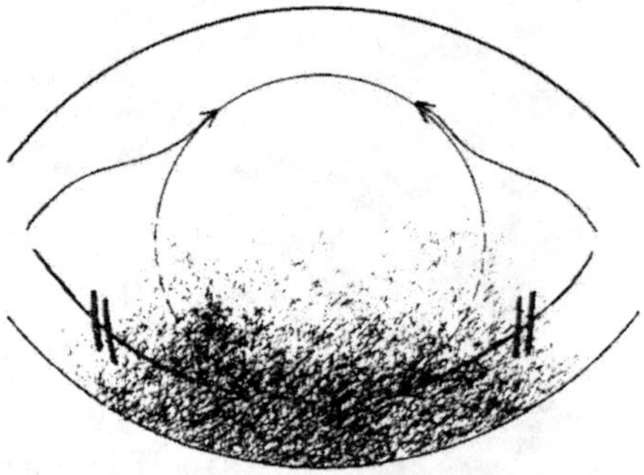

Persistente tendencia a ser incomprendido
Enajenación del Yo miedoso.
Rechazo de las propias debilidades y errores
El requerimiento del mundo terrenal le hace sentirse inseguro

Estas imágenes pretenden aclarar que los intentos del alma de retener su patria cósmica constituyen una primera base para la escisión entre "Yo = bueno" y "no Yo = malo", apareciendo la decisión por una "encarnación parcial", cuya dinámica interna puede ser caracterizada como sigue: A causa de su dolorosa desilusión, el alma solo se une parcialmente con la Tierra. Ella se reserva el derecho de seguir encarnada o bien retirarse de ella. Se encuentra en un estado continuo de lucha en relación a la culpa.

En estas imágenes, la persona Borderline aparece como un verdadero hombre de frontera entre la luz y la oscuridad, entre el mundo celeste y el terrestre, en parte vivido como infierno. A lo largo de esta frontera lucha, sucumbiendo a veces, venciendo otras, aunque sin terminar de sentirse nunca en terreno seguro. Es una lucha sin cuartel por la existencia humana. En este sentido podemos pensar que la constitución Borderline no procede únicamente de una educación errónea, sino que viene también determinada por la particular configuración anímica de la situación humana en la era del alma consciente. En este contexto vivía una persona mayor que luchaba siempre por la vida, que no creía en la reencarnación y que se describía de la siguiente manera:

"Contra mí, siento una profunda y constante aversión, que no es atribuible únicamente a mi educación, por el hecho de que mis padres y abuelos hayan echado al mundo su rabia, su calor, su frío anímico y su egoísmo. De esta aversión profunda que siento contra mí mismo ellos no tienen culpa alguna. La procedencia de esta devastadora forma de ser, profundamente arraigada en mí, acaso tenga su origen en mi árbol genealógico, cinco generaciones mas arriba. "

Fenómenos del proceso de encarnación en los pacientes Borderline

La relación con el tiempo

El desarrollo del hombre desde la ensoñación y el estar dormido, unido a las fuerzas divinas en un remoto pasado, y posteriormente separándose del mundo creativo de las ideas, se está acercando en el tiempo presente a su meta: El hombre se encuentra situado frente a un mundo que experimenta como objeto.

Se experimenta a sí mismo en un mundo de percepciones, en el cual fluyen hacia él y parten también de él, infinitas impresiones sensoriales, sentimientos, estados de ánimo e imágenes de ensoñaciones; aunque aún no es capaz de entender lo que conecta a unas y a otras, únicamente podrá llegar a hacerlo con el máximo esfuerzo de todas sus cualidades anímicas. Este poderoso esfuerzo supone un segundo desafío en la época del alma consciente: El ser humano debe desarrollar una personalidad potente. La división entre la experiencia de sí mismo y el mundo como algo aparte, conduce hoy en día a un rápido aumento de incomprensión, precisamente entre familiares consanguíneos muy cercanos. También el recién nacido se convierte cada vez más para sus padres en una suma de percepciones sensoriales, cuyo significado a menudo se vuelve incomprensible y cuyas variadas expresiones les resultan misteriosas. Ni la nostalgia o el ancestral recuerdo de una maternidad amorosa y sacrificada, ni la pluralidad de métodos educativos teóricos son capaces hoy en día de colmar esta incomprensión.

Rudolf Steiner explica todo esto con las siguientes palabras: *"... Será cada vez más difícil que los hijos y las hijas comprendan a sus padres y a sus madres. Cada vez va a resultar más difícil que los padres comprendan a sus hijas y a sus hijos y que los hermanos se entiendan entre ellos...(9)"*.

En la práctica clínica esta problemática se vuelve evidente. Los lamentos más frecuentes de los pacientes se corresponden con esta temática de nuestro tiempo: "mis padres no me entienden" o "los padres tienen una personalidad demasiado débil como para soportar esta verdad". Además los padres se ocupan cada vez menos de la cuestión de "quienes somos verdaderamente como individuos" y a menudo se retiran con creciente antipatía interior y exterior frente a las "intolerables" pretensiones de sus hijos.

A la cada vez más apremiante búsqueda de una solución para esta problemática se puede responder de diversos modos: relevantes psicoanalistas llaman la atención sobre la necesidad de renovar la antigua, espontánea y empática relación entre la madre y el hijo, tal como aún puede observarse en madres asiáticas, africanas o sudamericanas. La experiencia de esta antiquísima relación se había perdido a causa de una escisión de sentimientos, impuesta por el proceso educativo y factores socioculturales.

Rudolf Steiner intenta resolver este problema mostrando una salida para el futuro. No se trata de volver a sentimientos espontáneos perdidos, sino de esforzarse en comprender al niño como una individualidad que está en evolución. La tarea de padres y educadores es la de crear una relación duradera, abnegada y plenamente consciente con él. Este sería el único camino obligado a cumplir. Si las personas cercanas al niño intentan volver a las viejas facultades típicas del alma de grupo, entonces aparece el peligro de las luchas y las disputas en las relaciones más estrechas (10).

Como labor urgente de nuestro tiempo se le pide al ser humano superar la escisión entre él y el mundo, como dos elementos que se enfrentan el uno al otro, así como el vivir prisionero de las propias percepciones, lo que puede hacer llegar a un sentimiento de antipatía completa frente a todo, como expresión de una patología característica de nuestro tiempo. Reconocer y aprender a observar con capacidad perceptiva educada en el altruismo, la esencia de la otra persona en su evolución, así como en el pasado común, requiere un esfuerzo constante. Esto será ante todo, competencia de los padres y en particular de la madre de un recién nacido.

Por lo anteriormente relatado se vuelve evidente que ser padres se ha convertido en una tarea increíblemente difícil, algo cuyo éxito o fracaso pende como espada de Damocles sobre el nacimiento del niño. Porque después del nacimiento ya no podrá haber excusas que justifiquen los errores en la educación y dependerá plenamente de la persona afectada, que la negligencia pueda ser reparada, o no.

En el próximo capítulo intentaremos concentrar la atención sobre cómo la influencia de la educación puede llevar a un trastorno Borderline.

Primer Septenio

Respiración, calor, alimentación son los primeros procesos vitales corpóreos que se manifiestan tras el nacimiento en el encuentro con el mundo material. Excreción, crecimiento y conservación, los primeros procesos vitales en las entrañas del mundo corpóreo del neonato. Poco tiempo después le serán entregados al niño los "dones divinos" (los sentidos del tacto, vida, movimiento y equilibrio), a fin de que pueda percibir directamente todos los procesos en el interior del cuerpo y construirse, por tanto, desde el punto de vista físico, un terreno seguro en medio del mundo material. Un milagro comienza: "*Et incarnatus est*".

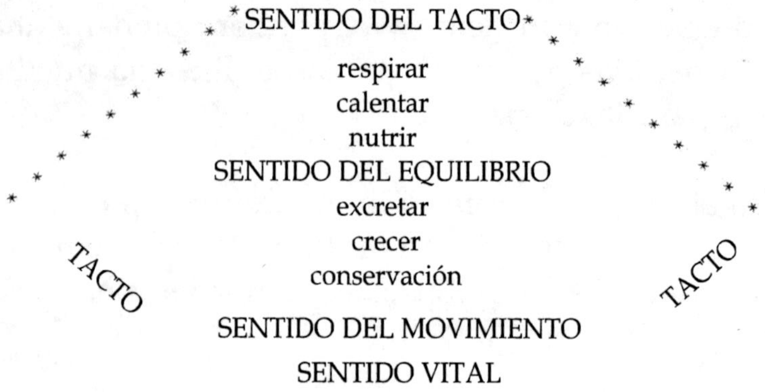

Trastornos de la encarnación en el primer septenio

La persona que asiste partos y recibe niños que las jerarquías depositan en sus manos, debería poseer un soporte interior sustentado en una fe profunda, pues desde esa actitud receptiva llena de fe, puede esperarse ayuda. Sin conocimiento del mundo espiritual o con un conocimiento meramente teórico o una suposición del mismo, se hallará abandonada frente al niño. El padre y la madre no se comprenden entre ellos en sus tentativas de encontrar una aclaración, en sus expectativas y en sus esfuerzos pedagógicos en relación al recién nacido. Ya desde hace decenios asistimos a las interminables disputas a cerca de "si el niño está llorando o ejercitando sus pulmones", "o si debe ser cogido en brazos con energía o acunado dulcemente", un montón de infinitas y tornadizas teorías se suceden incansables…

En el vacío, que tiene su origen en la falta de conocimiento del mundo espiritual y en la soledad de los padres, pueden insinuarse incomprensiones y errores que perturban el proceso de encarnación. Los problemas fundamentales son:

- Los padres no perciben al recién nacido tal como es, sino que sobre todo se ven reflejados en él, en sus esperanzas, tensiones, miedos, rabia.

- Los padres piensan que el recién nacido registra solo los cuidados que ellos manifiestan exteriormente, pero que es incapaz de percibir sus sentimientos y estados de ánimo parentales inconscientes y conscientes.

La forma incompleta y a menudo distorsionada en que los padres perciben al recién nacido hace que se vaya sumando error tras error. El mérito principal de Arno Gruen es haber examinado minuciosamente las consecuencias de la percepción distorsionada y la atención emocionalmente dividida del cuidador. Los resultados de sus investigaciones resultan estremecedores. Demostró que, si en sus cuidados al bebé, una madre está emocionalmente dividida, percibiéndolo distorsionadamente, puede bloquear el desarrollo vital y físico del bebé hasta el extremo de poner en peligro su vida.

Si los cuidados del bebé van acompañados de alegría y decisión plena, habiendo congruencia entre atención al bebé y el estado de ánimo maternal inconsciente (congruencia en el sentido de Carl Rogers), si el recién nacido recibe un trato delicado, seguridad, calor y protección, entonces no solo se verá envuelto en una relación humana, sino que serán estimulados en él procesos vitales corporales necesarios para la construcción de su organismo.

El diálogo vital entre madre e hijo estimula el nervio vago del sistema neurovegetativo, que en el organismo vigoriza el sistema digestivo. Las investigaciones de Arno Gruen confirman que el cuidado maternal y amoroso ayuda a desarrollar sanamente delicados sistemas orgánicos aún no formados, que hacen posible la relación corporal adecuada con las sustancias del entorno.

Un diálogo vital semejante estimula especialmente el sistema vegetativo simpático adrenérgico, responsable especialmente de los procesos excretores, lo que permite al niño "vivir" su propia corporalidad.

A través de éste se desarrollan en el sistema sensorial los sentidos de tacto y vida. Al igual que el ojo "se desarrolla por la luz", el sentido de vida lo hace por los procesos corporales vitalizados y el del tacto gracias al amoroso ambiente que le rodee ("holding enviroment"). El objetivo principal de la investigación de Gruen era descubrir la causa de la muerte súbita en el lactante, las relaciones existentes entre el proceso vital neurofisiológico y la calidad de los cuidados parentales. El desarrollo infantil, según Gruen, se verá influido negativamente por los siguientes factores relacionados con los cuidados parentales:

- Sentimientos distorsionados, pero intensos, de ira contra el niño.
- Preocupaciones o depresión profunda.
- Tensiones y conflictos dentro del matrimonio.

- Frío emocional y rechazo interno hacia el recién nacido.

Resumiendo, si los padres están fuertemente preocupados por las propias exigencias, percibiendo al niño tan solo como la causa del agravamiento de los propios problemas, entonces el niño se retira. Los sueños de los niños muy pequeños confirman que los traumas inconscientes o todavía no elaborados de los padres penetran directamente en su cuerpo anímico que siente y percibe. (11)

Si el bebé, en tanto que depende completamente de los padres, siente rechazo o sobrecarga emocional, va a desarrollar miedo, impotencia, desesperación, pánico, miedo al abandono y terror. Estas reacciones se manifestarán particularmente en el continuo "Arousal" (estar alerta), se trata de una sobreexcitación del sistema simpático adrenérgico que puede llevar a una merma tal de los procesos vitales que conduzcan a la cesación del reflejo del despertar.

Como indicó Rudolf Steiner, desde el punto de vista del proceso de encarnación, hay dos competencias fundamentales en el ámbito educativo en la primera infancia. El primero sería el apoyo en el proceso de aprendizaje de la respiración. "*Pues armonizando la respiración con el proceso neurosensorial, llevamos el elemento anímico-espiritual al cuerpo físico del niño*". El segundo, acompañar el proceso de sueño-vigilia de tal modo que el niño "*pueda llevar al mundo espiritual todo aquello que vive y experimenta en el plano físico, aprendiendo allí a elaborarlo, a fin de que pueda devolver el resultado de su elaboración nuevamente al mundo físico*".(12)

En el caso de relaciones perturbadas en la primera infancia sucede justamente lo contrario.

Los primeros procesos físico-vitales no encuentran conexión alguna en el intercambio entre el niño y el ambiente psicofísico que le rodea.

- En la respiración se incorpora rechazo (de forma parcialmente inconsciente).
- En vez de una atmósfera cálida, el niño está rodeado de frío.
- En los procesos de nutrición se topa con el egoísmo de los padres.
- Antes del despertar reflejo, el recién nacido se espanta.

Rudolf Steiner e Ita Wegman describen cómo el "sistema nervioso etéreo" del nervio simpático y la organización del Yo actúan en el sistema circulatorio animando los diversos órganos del abdomen, estimulando el crecimiento y los procesos de conservación. Esta parte etérea del sistema nervioso es extremadamente sensible a las influencias psíquicas externas. "*Afectos y pasiones tienen un efecto significativo y duradero sobre el sistema simpático. Los disgustos y preocupaciones tienen un efecto progresivamente destructivo sobre dicho sistema nervioso*"(13). En base a esto se considera que una constitución corpórea semejante representa un mal fundamento para conseguir la encarnación adecuada de lo anímico-espiritual.

De este modo el individuo se vuelve verdaderamente un "Borderliner", o sea, un hombre de frontera entre el cielo y la tierra. La esencia anímico-espiritual del recién nacido debe encarnarse en un mundo separado de la parte divina a la cual pertenece también su corporeidad física. La actitud de los padres, que ven a este ser como un objeto extraño frente a ellos, vuelve aún más difícil este proceso de encarnación. Pues el niño es incapaz de compenetrar su corporeidad física con sus propias fuerzas de forma vital.

En esta situación se experimenta el Padrenuestro, de forma inversa:

> "*¡AUM, Amen!*"
> *impera el mal,*
> *testigo de yoidad que se desenlaza,*
> *deuda del propio ser por otros acarreada,*
> *vivida en el pan de cada día,*
> *en el que no domina la voluntad de los cielos,*
> *porque el hombre se separó de vuestro reino,*
> *y olvidó vuestro nombre,*
> *Vosotros, padres en los cielos.*

"*Et incarnatus est*", se convierte en un "non possum et voleo incarnare" ("ni puedo ni quiero encarnarme" = "no puedo y no quiero venir a la Tierra"). Cuando el hombre inferior es permeado por la organización del Yo y las vitales fuerzas del sistema nervioso simpático, solo parcialmente, la consecuencia será que aparecerán trastornos a edades avanzadas. El paciente Borderline presenta frecuentemente todo tipo de molestias en los órganos abdominales. En la práctica clínica encontramos frecuentemente:

- Enfermedades inflamatorias crónicas, como enfermedad de Crohn o fiebre reumática.
- Alteraciones funcionales: síndrome peri o premenstrual, dolor abdominal difuso, sensación de frío sentida en lo profundo de sus entrañas, como el bajo vientre, región lumbar o coccígea.
- Sensaciones psíquicas dolorosas como de tener clavada en las entrañas una espada cortante o un arpón de hierro. Todo ello puede llegar a ser vivido como un fenómeno cercano a la psicosis, en los que puede sentirse la voz de un ser destructivo.
- Falta de sensibilidad en el cuerpo. Por ejemplo no sentir hambre o cansancio, ni agotamiento, ni sensación de enfermedad.

Alteración de los siete procesos vitales o de los cuatro sentidos inferiores internos

Resumiendo llegamos a la siguiente conclusión: la esencia anímico-espiritual del hombre no ès capaz de penetrar hasta la profundidad de sus entrañas corporales. En el caso de sobrecargas emocionales en la primera infancia el sistema simpático sufre un proceso de debilitamiento y por tanto los procesos vitales se forman insuficientemente, el sentido de vida no se desarrolla lo suficiente quedando atrofiado.

La percepción de este proceso no es posible a la luz de la conciencia cotidiana ordinaria, pues permanece bajo el umbral de la conciencia de vigilia, sin embargo se expresa a través de los trastornos corporales físico-etéreos, que durante las fases de crisis, o durante las llamadas "fases de reflejo" biográficas vuelven a aflorar, pudiendo agravarse y tener efectos devastadores para el resto de la vida.

Es necesario tener presente que la personalidad límite está muy débilmente encarnada en las entrañas corporales y con "reserva", pues no ha establecido con éstas una relación vital directa mediante los sentidos internos inferiores. Esto significa que la capacidad de tener fidelidad, de mantener la estabilidad y de tomar decisiones ciertas y seguras (así como otras cualidades del Yo), se ven, a causa de la propia constitución, en permanente peligro de hundirse en el abismo del terror Borderline.

Se puede hacer el siguiente esquema:

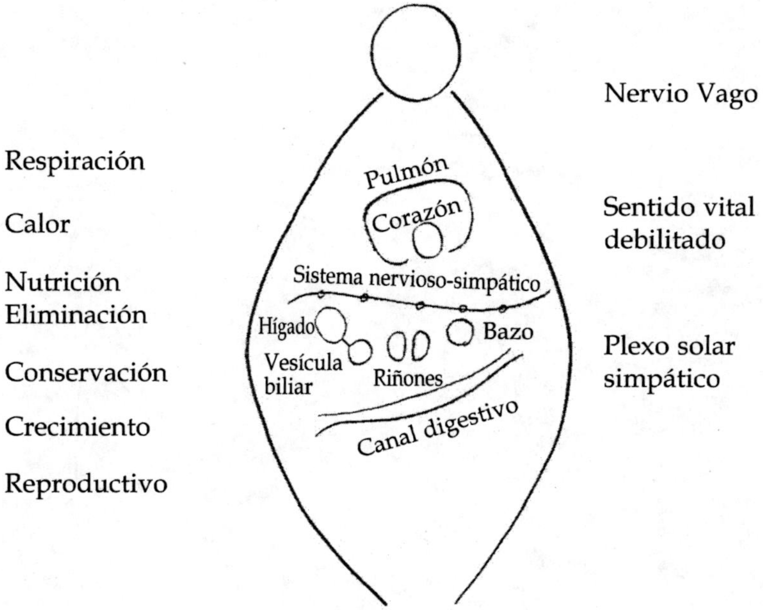

Trastorno del sentido del tacto

Solo "palpando" el ambiente contiguo que le rodea, logra el Yo tener una experiencia de sí mismo en el interior de su cuerpo. Desde ese observatorio desarrolla el Yo en fases sucesivas de la vida su propia percepción del mundo, asumiendo como consecuencia sus deberes terrenales.

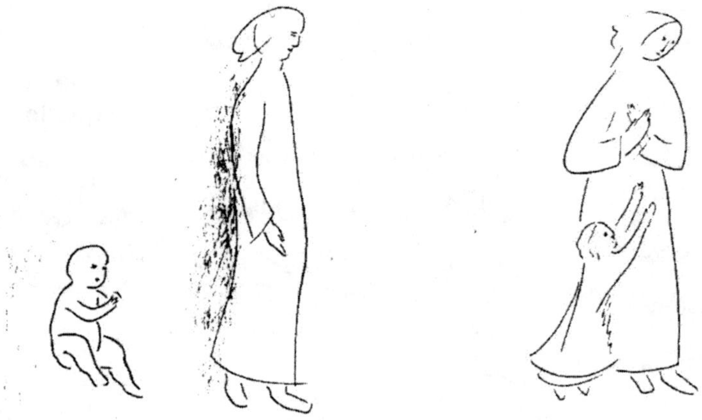

En el caso de la personalidad Borderline, la encarnación, que es la premisa para esta experiencia interior, no se lleva a cabo de forma completa. En capítulos anteriores habíamos descrito cómo los padres y educadores se ven, con creciente frecuencia, forzados a preguntarse quienes son como individuos, frente a las "intolerables" demandas de su hijo. Una conducta de este tipo crea en el recién nacido y en el niño pequeño un vacío de referencia. De este modo aprenden, dolorosamente a prescindir de algo que necesitan como alimento esencial para su propia vida, pues en esa fase, su existencia está completamente condicionada por las relaciones. La consecuencia será el miedo existencial. El vacío de figuras de apego ejerce un efecto de succión sobre el niño pequeño que, todavía sin envoltura, intenta de forma instintiva volver desesperadamente al regazo del adulto, recreando, a través de innumerables actos de decisión puramente imaginaria, la relación, para él vital. Sin embargo todo esto es visto por el adulto como agobiante / vampirizante, como una "pesadez", con lo que reacciona rechazando al niño. El pequeño se pierde de este modo, en una continua y siempre angustiosa búsqueda de la confirmación segura de la propia existencia.

Esta circunstancia lleva a que desarrolle en el primer septenio un sentido del tacto poroso, permeable por el cual el Yo en parte (en situación de miedo y de tensión, completamente) se vive a sí mismo fuera del cuerpo.

En vez de desarrollar un centro interior, se forman innumerables puntos de percepción externa, desde los cuales el paciente se percibe alternativamente, siempre de manera diversa. En vez de crear una sólida relación con su cuerpo, éste permanece bloqueado en el mundo externo.

Una paciente Borderline, de 28 años, tenía que azotarse, para poder percibirse cada vez que se veía dominada por el miedo. Otra paciente de 45 años recordaba que de niña tenía que frotarse la piel contra la pared exterior de su casa, porque se sentía como muerta. Otra de 40 años recordaba haberse rascado la piel con cortezas de árboles para poder sentir su cuerpo. Otra de 38 años recordaba cómo se enganchaba al muro del colegio para sentir fuerza corporal. Otra de 28 años se arrancaba el pelo para no sufrir la influencia de otras personas mientras pensaba.

Existen infinitos ejemplos de este tipo y sería un grave error terapéutico diagnosticar estas conductas como autoagresividad introyectada, porque el problema radica en una falta primaria de sentido del propio cuerpo, o de relación con el mismo. Es habitual que los pacientes no pronuncien espontáneamente la segunda mitad de la frase (...para poder sentirme). No pueden expresarse de otra manera más que así. No se atreven a clasificar sus insólitas costumbres e impulsos, de los cuales se avergüenzan.

El segundo septenio: El espacio ocupado por el pensar se convierte en espacio para el sentir consciente

En el segundo septenio, la entrada incompleta en el cuerpo tendrá consecuencias más adversas: en cada niño aparece un espacio libre etéreo en el ámbito del sistema neurosensorial. Para poder percibir, así como para poder clasificar y comprender el entorno inmediato, los educadores y los padres, sobre la base de la propia autoridad pedagógica, deberían transmitir al niño en edad escolar, una comprensión del mundo que no imponga su punto de vista social y ético como superior. Ciertamente el objetivo de la educación no debería ser influir o manipular conscientemente la percepción autónoma del niño. Descripciones de pacientes Borderline sobre su educación en la etapa escolar, indican que no deberían haber escuchado, visto y vivido aquello que vieron, sintieron y vivieron. Esto significa que en esa etapa de su vida no tuvieron la libertad de desarrollar su propio punto de partida para la comprensión del mundo. Mas bien al contrario, su comprensión estuvo condicionada por juicios, puntos de vista, moralejas y paradojas del mundo de los adultos, de tal modo que sus percepciones y su pensar fueron contaminados de forma progresiva.

En el ambiente social (familia, escuela, iglesia) nos encontramos muy a menudo los siguientes modelos de comunicación:

- Comportamientos o imposiciones morales paradójicas, contradictorias, sofocantes.
- Expectativas o ideales cambiantes o impredecibles.
- Acusaciones o atribuciones de culpabilidad por motivos incomprensibles.
- Exclusión del sistema de referencia sin motivo comprensible.

Muchos pacientes recuerdan, que, a pesar de sus buenas intenciones, esfuerzos y resultados, recibían reproches de descuido, dejadez y fallos, como si nunca lograsen hacer algo bien hecho. Así fueron desarrollando una sensibilidad premonitoria hacia las expectativas inexpresadas de los otros, que perdura, hasta en la etapa adulta, volviéndose miedosos, cuando varias personas pertenecientes a un mismo sistema referencial muestran hacia él, expectativas contradictorias. Este miedo, en el caso de amenaza de exclusión, puede crecer hasta el pánico, cuando en dicho sistema no hay presente alguien de plena confianza (por ejemplo en colegios religiosos o sistemas familiares especiales).

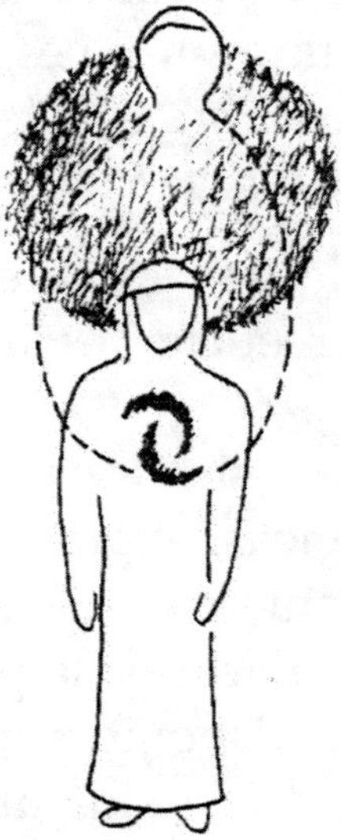

En vez de desarrollar la percepción y el pensamiento que ordena y comprende, en esa edad se despierta la cualidad anímica del sentir. Se desarrolla una intuición excesiva que invade y afecta el pensar (ver figura). Esa sensibilidad tan particular, que puede llegar hasta la premonición del vidente, pertenece a los necesarios mecanismos de supervivencia de una persona afectada de ese modo en su sano desarrollo.

Una de las estremecedoras "adquisiciones" de esta edad es que los niños perciben cosas (por ejemplo misteriosos secretos del pasado, vivencias de guerra, secretos de familia o enfermedades), de las cuales no se habla, o no deben ser mencionadas en el seno del sistema familiar. El mundo se escinde así en fenómenos permitidos y no permitidos, convirtiéndose en un mundo escindido, en el que por un lado hay una clara conciencia diurna y por otro una "oscura pesadilla".

En vez del sentido de verdad en el pensar, se va a despertar una percepción escindida del mundo.

Rudolf Steiner, en sus escritos y conferencias médicas y pedagógicas, expresa cómo en la edad escolar se forma primero el sistema corporal rítmico y solo después, a partir de la pubertad, sus fuerzas quedan libres y disponibles para formarse criterios y sentimientos de simpatía y antipatía. Si estas fuerzas de juicio y discernimiento se liberan prematuramente del crecimiento, entonces escasearán, para un desarrollo sano y completo del sistema rítmico. La consecuencia es que algunos pacientes sienten punzantes y agudos dolores en la zona del esternón, o sienten ahí una sensación de vacío.

El nacimiento del alma en el tercer septenio

Las fuerzas de crecimiento del sistema rítmico ahora liberadas, son puestas a la disposición del juicio, la percepción y los sentimientos propios. Además en este septenio se desarrolla también el cuerpo astral. Esta es la instancia en el organismo, mediante la que el alma actúa en el cuerpo dando forma. Los límites de este cuerpo astral se extienden hasta donde el ser humano puede sentirse a sí mismo perceptivamente o mediante el sentido del tacto, constituyendo el fundamento para los procesos del alma sensible.

En el caso del trastorno límite de personalidad, el alma en la adolescencia despierta en una organización físico-etérea en la cual, ya durante la edad escolar se llevó a cabo un arduo trabajo anímico. Esto significa, tal como fue descrito anteriormente, que el terreno anímico ha sido ya "ocupado". Las relaciones, las sensaciones y sentimientos, tal como se trasmiten del cuerpo astral al alma sensible, encuentran tan solo un débil eco en un alma que está dedicada principalmente a sobrevivir en el ambiente social que le rodea.

Por si fuera poco en este periodo de la vida se vive más intensamente la cuestión de la culpa existencial, pues en esta etapa se vive más conscientemente el tema de la culpa frente a los educadores. Ello va a conducir a un debilitamiento de la voluntad y del deseo del alma de perseguir objetivos propios y vivir experiencias. La inquietud interior que progresivamente se instala, los conflictos entre adaptación y fuga, entre limitación y evasión tienen un efecto paralizante y aumentan el peligro de llegar a una implosión o a una explosión. Tras el aburrimiento de fondo, el alma lucha por la supervivencia.

La sensación de ser un "outsider" (forastero) genera frecuentemente estados depresivos. Además puede aparecer una necesidad de evasión ruidosa, para poder pertenecer al grupo de coetáneos. Aparece una alternancia entre sensación depresiva, expectativas desmesuradas y la tendencia a realizar prestaciones de alto nivel, mientras de fondo hay nostalgia y profundos anhelos espirituales.

El alma individual lleva consigo sus capacidades, intereses, talentos, así como su orientación de vida. Cuando se trata de un alma fuerte entonces puede llegar a veces, a obtener resultados individuales relevantes en los campos social, intelectual o artístico que tendrán gran significado en el transcurso de la vida. Cuando se trata de un alma débil entonces es porque las influencias del ambiente en los dos primeros septenios aparecen como fuerzas plasmadoras potentísimas ante las cuales el alma tan solo puede retirarse.

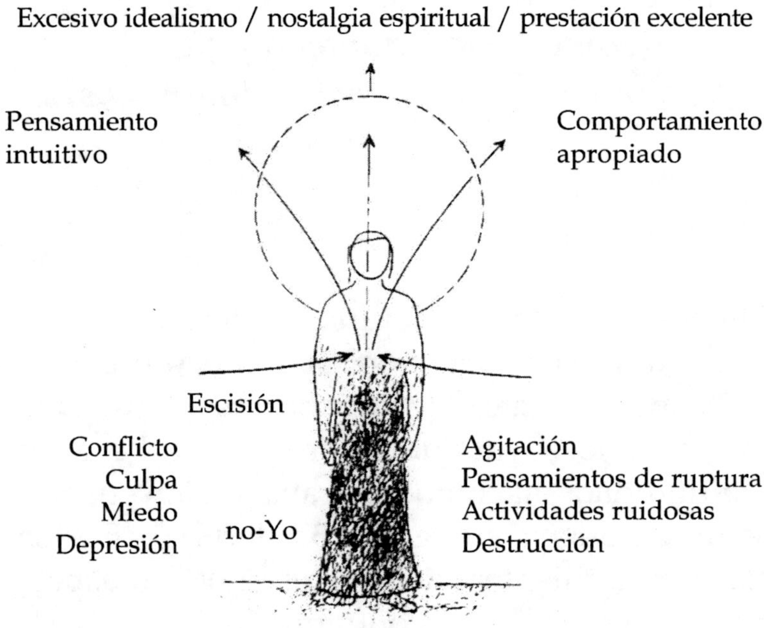
Excesivo idealismo / nostalgia espiritual / prestación excelente
Pensamiento
intuitivo
Comportamiento
apropiado
Escisión
Conflicto
Culpa
Miedo
Depresión
no-Yo
Agitación
Pensamientos de ruptura
Actividades ruidosas
Destrucción

La experiencia clínica del terapeuta como base fenomenológica ¿Encontramos categorías dinámicas?

El vacío interior

En los pacientes Borderline, el vacío interior es una íntima configuración, siempre presente a nivel inconsciente. Llega a hacerse consciente solo cuando el mundo externo no le llena en profundidad, tal como esperaba, o bien cuando se desencadena el "terror Borderline". En los párrafos siguientes vienen descritos los aspectos singulares de esta configuración.

El Yo/ El no Yo

En los pacientes borderline la voluntad, que en el cuerpo físico se manifiesta como instinto, en el cuerpo etéreo como impulso y en el cuerpo anímico como deseo, no consigue actuar como fuerza estimulante para la propia biografía, sino que se percibe como simple agitación o tensión. Al individuo le faltan esas fuerzas de voluntad para alcanzar el objetivo de su vida, necesarias para llevar a cabo una sencilla regularidad de vida cotidiana. En cambio esas fuerzas volitivas, se orientarán en parte, o del todo, hacia objetivos queridos o impuestos por otros, cuyo contenido hipotéticamente es demandado por los que le rodean. De este modo la capacidad de proponerse metas se encomienda al entorno, que será el que finalmente determine su contenido. Aquí, por "entorno", en el sentido más amplio de la palabra, se entiende por ejemplo: ideal amoroso, concepción del mundo, religión, teorías sociales, ideología (por ejemplo, campo educativo, derechos de las mujeres, cuestiones sociales, familiares o culturales).

La realización de sus propias aspiraciones, necesidades u objetivos le van a hacer depender de la autorización inexpresada de los otros, u obtenida mediante un papel de paciente, esposa, pareja, miembro de un sistema, persona que se sacrifica, víctima, o cualquier cosa que se le parezca. También aquí vemos cómo la responsabilidad propia no se une sólidamente con las propias aspiraciones y objetivos. Donde debiera estar interviniendo un "Yo", actúa un "no Yo".

De este modo el alma desarrolla el gesto de "dilatarse", para cumplir un deber en el cual el Yo se extingue y el de "contraerse", en la lucha por sus propios supuestos derechos.

Por tanto, en general, la persona como ser volitivo, al no actuar desde la libre y propia voluntad, se retira de la responsabilidad de sus actos como tales. Dispone además de un fuerte mecanismo defensivo para evitar ser culpado o lo afronta con contraacusaciones. De no lograrlo amenaza el vacío, pues una dinámica psíquica tal, repercute profundamente en la capacidad de recordar los propios objetivos, planes, obligaciones y orientaciones más individuales.

Personalidad prestada

De lo hasta ahora enunciado se deduce, que el declinar las responsabilidades sobre sus actos, de forma total o parcial, crea un problema, sobre todo en relaciones de dependencia estrecha (por ejemplo, padres e hijos). En este tipo de relaciones primarias, dependiendo de las circunstancias, el paciente Borderline intenta fusionarse con la persona de referencia, para poder adaptarse mejor a las exigencias del entorno. En el plano relacional, desaparece la capacidad de acordarse de la ayuda que los otros le aportaron, de su sostén, de todo lo que soportaron. Todo lo procedente de estas figuras de referencia se considera obvio, pues ellas representan las "personas préstamo", que constituyen el yo Borderline ampliado. Las lamentaciones constantes de las personas de referencia del paciente Borderline son del estilo de: "Todo vuelve a empezar desde el principio, como si no hubiese hecho nada por ti; da igual lo que haga, nunca será bastante; ¡cómo! Después de todo lo que he hecho, tanta ingratitud, cuando desde hace años todo gira constantemente en torno a ti..."

Escisión

De lo antedicho resulta evidente que la escisión es un fenómeno clave del síndrome Borderline. Donde haya un alma carente de centro se hallará a merced de su violencia polar.

El hombre físico-espacial, etéreo y astral se halla a merced de las fuerzas de la gravedad por un lado y de la luz por el otro. Por otro lado está también a merced de fuerzas plasmadoras ahrimánicas y luciféricas. Es competencia del hombre expuesto a estas fuerzas crear, en vez de una reciprocidad entre luz y sombra, entre Cosmos y Tierra, entre él y el mundo, un espacio libre en el que el Yo pueda incorporarse para volverse creativo junto a estas polaridades. Este Yo debería aportar al mundo el "tercer elemento", lo específicamente humano, uniéndose después como tal al Yo del mundo.

Habíamos descrito cómo puede llegar a suceder que este espacio libre no logre desarrollarse en los primeros tres septenios. Si sus envolturas están deterioradas, mutiladas, el Yo no va a poder entrar y entonces no podrá mostrar sus capacidades a través de ellas. A partir de estas indicaciones, dadas por Rudolf Steiner, comprendemos que las consecuencias de esto pueden ser: fuertes depresiones o intentos de suicidio en edad juvenil. Por otro lado estamos frente a un alma, a menudo dotada de talentos particulares, que junto al anhelo de todo ideal elevado presenta una acusada sensibilidad frente a los desengaños terrenales, pero también frente a sí mismo.

El yo escindido

A continuación un esquema del sistema Borderline:

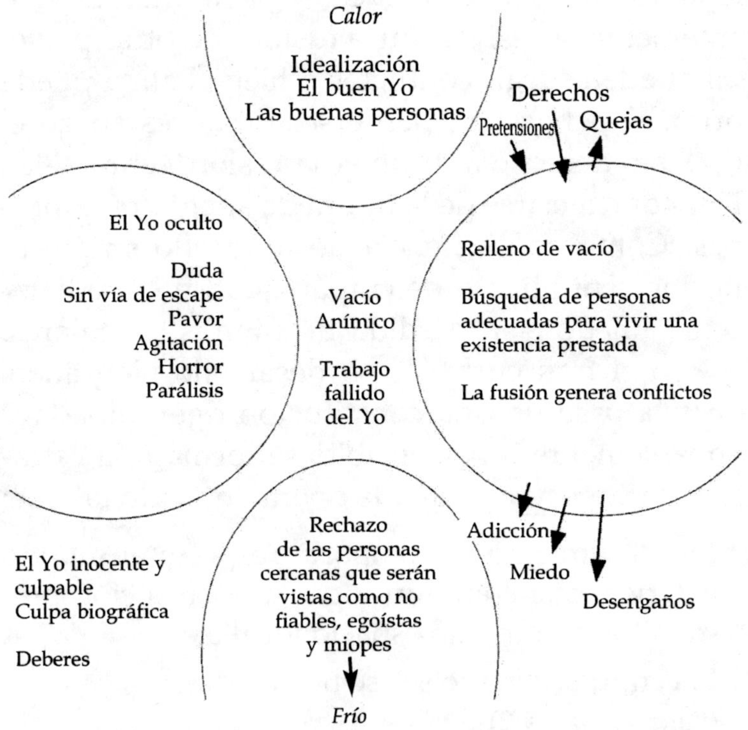

Uno de los rasgos fundamentales del sistema de fuerzas Borderline es la gran necesidad de que su espacio anímico vacío lo ocupen otras personas. El vacío actúa como adicción y la inquietud en el campo corpóreo anímico, que tiene su origen en la profundidad, encuentra en la cabeza que piensa y siente una infinidad de ideas y posibilidades aparentemente obsesivas. En la fusión con otras personas pueden surgir conflictos o bien el alma puede correr el peligro de perderse. Entonces surge el supuesto derecho a disolver la fusión, retirarse en el rencor o alejarse de la figura de apego con reproches. Como consecuencia de todo ello surge un enorme sentimiento de culpabilidad e inmediatamente miedo a la pérdida de figuras vinculares. Así, en el transcurso de su desarrollo biográfico, sobre la base de una constitución determinada y probablemente hipersensible, se forma una estrategia de supervivencia que opera de modo tal que:

1 El pensamiento se comporta respecto al mundo exterior, casi como un lugar de percepción premonitoria, como un espacio idealista.

2 El centro originario se escinde en dos.
(ver figuras 1 y 2)

3 La voluntad, que está en pleno proceso de desarrollo y la personalidad in statu nascendi, se ven forzadas a permanecer en la zona oscura de las fuerzas volitivas del hombre metabólico, transformándose así en un no-Yo sombrío y destructivo.

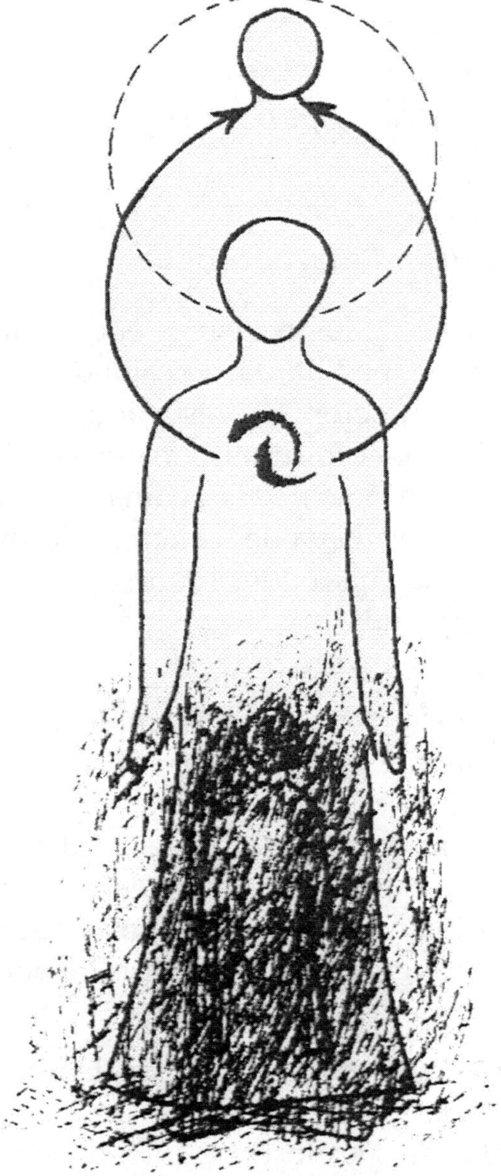

Indicaciones orientativas para la psicoterapia

Multimodalidad metodológica

En la mayoría de los pacientes encontramos en mayor o menor medida, la necesidad, puesta en evidencia por numerosos investigadores, de recuperar los cuidados espirituales maternos. Sobre la psicoterapia pesa la nostalgia de una relación terapéutica perdurable llena de dedicación compasiva y delicada, en la cual poder sentirse siempre plenamente comprendido y sin miedo al castigo o a cualquier tipo de restricción.

Sin embargo se trata de un complejo trastorno en el desarrollo de los miembros constitutivos que están dislocados, de la que deriva una insuficiente relación entre ellos. Del psicoterapeuta se espera que tenga la capacidad de concentrarse a la vez en todos los miembros constitutivos y sus correspondientes modelos para un desarrollo adecuado de los tres primeros septenios.

En esta obra solo podemos tratar de una manera abreviada la forma de adentrarse en los diferentes septenios. Desde un punto de vista más especializado y de la Ciencia Espiritual, es necesario que el terapeuta tenga conocimiento de las leyes evolutivas del desarrollo en los tres primeros septenios (15).

Sin embargo tampoco es suficiente con conocer las leyes del desarrollo. El terapeuta ante todo debe imaginarse, repetidamente y con la ayuda interior de la meditación, dichas fases evolutivas, considerando la incidencia que las múltiples y variadas influencias del medio social, a las que el paciente estuvo expuesto, pudieron tener en estas fases. Comenzando con los primeros años del desarrollo (0-3) hay que imaginarse viviendo dentro de ese niño, siendo completamente dependiente, desde un punto de vista corporal y anímico, de sus personas de referencia y orientado totalmente hacia ellas. Se ejercita meditativamente la dinámica interna de los sentidos inferiores que se han desarrollado y nos imaginamos cómo repercutieron internamente, por ejemplo sobre el sentido del equilibrio las peleas constantes, entre las figuras de apego o con otros. O bien nos imaginamos la repercusión que tuvo el cuadro depresivo crónico de la persona de apego y cómo, debido a ello, en vez de fortalecerse el sentido vital, se fue forjando en la interioridad propia una fuerte sensación paralizante de vacío. También podemos imaginarnos la forma en que una figura de referencia en posición defensiva, probablemente ausente interiormente, influyó en el sentido del movimiento, causando una gestualidad titubeante e insegura.

Esta fase se amplía. Ahora nos imaginamos la sensación de un niño entre los 7 y los 9 años, con su deseo de conocer, de jugar, pero también de saber cómo funciona todo en este mundo, que cada vez se hace más grande. En este momento, al deseo de aprender se suma un cierto temor y duda sobre si logrará afrontar la perspectiva de una vida que se amplía. También conviene meditar sobre cómo repercutió en el niño el no haber sido capaz de desarrollar todavía capacidades singulares. Imaginemos el miedo o la inquietud, que en él puede causar tener que permanecer en casa cuidando siempre de uno mismo, solo, sin los padres durante el día y sobre todo de noche. O bien la confusión que genera sobre la confianza en el otro, el tener que "imaginar" como buenas las intenciones del hombre de la mirada mala y el que no le dejen amar al padre o visitar a la madre.

Gracias a estos ejercicios de introspección podemos unir los conocimientos teóricos sobre el desarrollo de las envolturas corporales del joven con las situaciones vitales concretas por las que pasó. De este modo, iremos creando el fundamento imaginativo que nos permita percibir las repercusiones que las influencias sociales y pedagógicas tuvieron sobre ese hombre en desarrollo y sus envolturas, en las que el Yo, hasta ahora en vano, ha tratado de encontrar su sitio.

Es en este nivel en el que podemos encontrarnos con el paciente como individuo y seguir su proceso de desarrollo. Este nivel permite al terapeuta considerar las sucesivas fases de la vida en la biografía del paciente a la luz de los reflejos de los primeros septenios como base física, etérea y astral de las envolturas. Desde ese momento el terapeuta puede preguntarse: ¿Qué relación tiene esta individualidad con su Yo superior y cómo puede desarrollarla?

Sobre esta base podremos pues comprender las indicaciones relativas a cada uno de los septenios expuestas a continuación.

En el transcurso de la terapia, como en un cuadro holográfico, se irán volviendo transparentes las envolturas del paciente con sus aspectos a veces destructivos y oscuros. Todo aquello que ocurrió, educacionalmente hablando sobre los tres primeros septenios, actuará ahora durante la psicoterapia, de manera sucesiva, en forma de una compleja y concentrada sincronización. Será necesaria una gran flexibilidad terapéutica para poder examinar todo ello con una visión a distintos niveles, que permita modificar ágilmente estos efectos oscuros y destructivos en el seno de una terapia multimodal. Además el psicoterapeuta, con sus propias envolturas, brinda una situación segura, una orientación, un encuentro guiado desde el Yo. La regresión, aunque sea algo que el paciente anhela, tiene solo temporalmente un efecto de alivio, pues aquello que una de las envolturas del paciente anhela, es puesto bajo sospecha por otra de ellas. En la realidad de la situación terapéutica al principio se reactiva, naturalmente, el sistema referencial-Borderline del paciente. Éste le pone en guardia frente a todas las desilusiones, omisiones u abandonos del terapeuta, amenazando oscurecer los "buenos momentos" vividos a lo largo de la terapia.

Los pasos terapéuticos

Indicaremos a continuación esquemáticamente y en sucesión libre, los pasos fundamentales del proceso psicoterapéutico.

El terapeuta trata de imaginarse, a todos los niveles, la educación y el ambiente en que creció su paciente Borderline. Después se preguntará: ¿Cómo habría repercutido en mí un ambiente semejante? ¿Cómo lo haría en los sentidos inferiores y en los planos corporales y vital-anímicos?

El objetivo principal es lograr adquirir la fuerza imaginativa para la totalidad de las fuerzas plasmadoras de las envolturas. El terapeuta trata de desarrollar una imagen de la persona. ¿De qué cualidades dispone esa alma? ¿Entre qué polaridades oscila en este momento? ¿Cuál es el estado de su voluntad y de sus talentos? ¿Con qué fuerzas se desarrolla en su biografía?

El terapeuta, basándose en su capacidad imaginativa, e intuiciones crecientes trata de recrear la dinámica y gestualidad anímica interna del paciente Borderline, justificándola plenamente desde su sentir. (Primer septenio)

Progresivamente se irán aceptando, cada vez más las limitaciones o desilusiones suscitadas por el terapeuta: celos, dolor, rechazos, peleas, recaídas. Ahí se deja ver en qué medida la persona está prisionera del sistema Borderline, si está adherida a él o bien ¡de cuánta fuerza, verdadero deseo y voluntad dispone para liberarse de esa prisión, aparentemente carente de vía de escape! (Primer y cuarto septenio). Se van deshaciendo y son llevadas a la consciencia situaciones cada vez más concretas de la vida del paciente en sus secuencias de causa-efecto. A esto corresponde una creciente necesidad de comprender por qué algunos sucesos se repiten siempre del mismo modo y entender las leyes que los rigen. En el fondo existe el deseo de que "los otros puedan cambiar". (Segundo y quinto septenio).

Solo en una etapa posterior podrá el terapeuta ir estimulando la autopercepción de su paciente. Trabajando sobre otras formas distintas de relacionarse a como lo ha venido haciendo hasta ahora, ilustrándolas mediante ejemplos o juegos de rol, que podrá después practicar en la vida cotidiana. Poco a poco se irá abriendo el espacio para el pensar (9º-10º año de vida o bien a partir del año 33) naciendo progresivamente ideas auténticas de una voluntad autónoma. El paso siguiente se da cuando el paciente hace el intento de tomar distancia de ésta o aquella situación o comportamiento y llega a preguntarse lo que otro opinaría al respecto y cómo podría haber actuado de otro modo. Con este paso la actitud de crítica compulsiva contra el mundo y contra sí mismo, se separa de la dinámica Borderline conduciéndose a un juicio consciente, fundado y propio. Se amplía aquí el segundo espacio interior: el del sentir. Entre el negro y el blanco se hace posible la aparición de colores (tercer septenio).

El terapeuta trabaja por una ampliación de la percepción sentida del entorno, que hasta el momento estaba frenada o retenida por miedo a la pérdida afectiva o a la "muerte anímica". Cautamente serán elaboradas y experimentadas nuevas situaciones concretas de vida. El cuerpo de sensibilidad despierta. El alma sensible será percibida conscientemente. En vez de vacío y parálisis ahora podrán ser experimentados sentimientos estremecedores hasta ahora no vividos o inconscientes. Esto permite mirar al propio mundo de una forma nueva. Soportando estas sensaciones e intentando integrarlas como "mis sentimientos", el Yo va despertando en el alma (tercer y cuarto septenio) y como consecuencia el sentir dispondrá cada vez más del coraje de presentarse como fuerza autónoma.

El ingreso en la propia esfera del sentir precisa del máximo esfuerzo en la lucha contra el egoísmo, la valoración o la sobrevaloración de uno mismo. Este esfuerzo por superar el egocentrismo compulsivo de la personalidad Borderline puede a la postre llevar a una liberación en la que la verdad se habrá vuelto mas importante que el Yo. En esos momentos tiene lugar la entrada del Yo en el sistema rítmico, que es el centro del alma y este paso, a menudo, va acompañado de una nueva cualidad de "consciencia biográfica", que hace que el paciente se haga consciente de los errores cometidos en la propia vida.

"La verdad ponía en peligro las relaciones, pero para mí era importante. La pronunciaba temblando, pero después me sentía liberada", contaba una paciente Borderline.

Naturalmente aunque llegue el final de la terapia, la persona con trastorno Borderline conservará una sensibilidad particular hacia aquellas situaciones que en el pasado desencadenaron la problemática, sobre todo cuando surgen de forma inesperada. En esos momentos el paciente entra instantáneamente en la desorientación interior y exterior vividas entonces en el ámbito del pensar, sentir y querer. Pero con su Yo reforzado ahora puede reconocer estos momentos y decidir comportarse de forma diferente respecto al pasado.

"Este es mi cuerpo"

Cuando la personalidad Borderline llega a crear en el sistema rítmico un espacio libre en el que ha logrado entrar, le faltará únicamente dar un último paso: la conquista del hombre inferior.

La personalidad Borderline vive ahora los efectos de la falta de relación con el hombre inferior físico etéreo. Se trata de la actividad de los seres y de las figuras que tanto se temían en las fases de plena manifestación de la patología y que le salían al encuentro de noche, en medio del miedo y del terror paralizante.

Si la persona consigue "entrar" en los sentidos inferiores y en los procesos vitales del hombre inferior, por ejemplo, en un momento de fiebre u otro estado patológico, por crisis de extremo cansancio, por una recaída aparentemente sin esperanza y además encuentra la fuerza de permanecer en pie, lleno de coraje llevando hacia delante sus actos fundados sobre su voluntad y autonomía, entonces podrá experimentar el efecto de percibir el propio cuerpo "entero", aunque esté "herido". Esta experiencia es como un renacer. "*Et incarnatus est*".

Se experimenta:

- Cómo las fuerzas de la educación, vinculadas a lo divino, no fueron suficientes para insertarse en la base corpórea.

- Cómo con las propias fuerzas anímicas, solo pudieron cumplirse prestaciones excepcionales o desarrollar estratagemas de supervivencia.
- Cómo esto había llevado a una situación, aparentemente sin salida.
- Cómo de esta situación se puede salir gracias a una fuerza, que ha superado el Yo y completado la encarnación.

Hugo Solms hizo referencia a cómo este camino supera al psicoanálisis, llevando el camino del Cristo a la psicoterapia.

Este camino del Cristo podrá ser recorrido por la personalidad límite cuando lleve a cabo el proceso de reelaboración del Padre Nuestro uniendo "*el propio Yo con el Yo del Universo*".

Notas

*GA= Obra General de Rudolf Steiner.

Esta obra fue escrita desde el punto de vista de la psicoterapia, es decir, de la terapia de diálogo. El tratamiento de la personalidad límite, en el fondo, se basa en un programa que abarca varios tipos de terapias que tienen en cuenta al paciente como un todo.

1. Rudolf Steiner, conferencia del 31 de octubre de 1920 en GA200
2. Rudolf Steiner, conferencia del 30 de octubre de 1920 en GA200
3. Ver también Jesaiah Ben-Aharon, *La nueva experiencia de lo suprasensible.* Londres 1995, capítulo 3º (sobre la traducción, ver índice bibliográfico).
4. Rudolf Steiner GA190, conferencia del 23 de Marzo de 1919.
5. Sobre la triformación general del organismo humano y el sistema rítmico, encontramos conceptos fundamentales en los escritos y conferencias de Rudolf Steiner, especialmente en "*Sobre los enigmas del alma*" y en "*Estudio del hombre como base de la pedagogía. Tomo I. Fundamentos de la Pedagogía Waldorf*".

6. Ver obra de Rudolf Steiner en "*Estudio del hombre como base de la pedagogía*" (GA 293); "*Sobre los enigmas del alma*" (GA21); "*Impulsos de desarrollo interior de la humanidad*" (GA171), conferencia del 30 de septiembre de 1916. "*Saber terrenal, conocimiento espiritual*" (GA221). Conferencia del 17 de Febrero de 1923; "*Conferencia y curso sobre el actuar crístico-religioso*" (GA346); conferencia del 15 de septiembre de 1924. "*La vida entre la muerte y un nuevo nacimiento*" (GA141); conferencia del 10 de diciembre de 1912 y "*La comunicación entre los vivos y los muertos*" (GA168).
7. Rudolf Steiner, conferencia del 5 de abril 1919, en GA190.
8. Ver nota 6
9. Rudolf Steiner: "*¿Cómo se puede superar la problemática situación actual del alma?*" Conferencia del 10 de octubre de 1916, en (GA168).

10 Idem.

11 Sobre aquello que ocurre en los sueños y sobre las percepciones del cuerpo etéreo, ver la conferencia de Rudolf Steiner del 18 de abril 1914 en GA154. Para ampliaciones sobre todo en relación a la educación del niño, ver las siguientes conferencias de Rudolf Steiner: Agosto 1919 en GA196, 21 de agosto en GA293. Conferencia del 22 de abril 1910 en GA301. Ver también los ensayos de G. Boyesen: ¿Somos todos supervivientes de muerte súbita? y Mol. Boyesen: "*The infant & the alpha*", ambos en Journal of biodynamic psychology, 1918, así como

Fraiberg e.a., "*Ghosts in the nursery*", en Journal of American child psychiatry 14, 1975.

12. Rudolf Steiner, conferencia del 21 de agosto 1919, en GA293

13. Rudolf Steiner e Ita Wegman, *"Fundamentos para una ampliación del arte de curar"*, capítulo VI: Sangre y nervio, GA27.

14. Rudolf Steiner, "*Atlántida y Lemuria*". "*El 5º evangelio*", conferencias del 3 de octubre y 22 de noviembre 1913, GA148 sobre la palabra AUM ver referencias en GA148, así como la publicación en "*Indicaciones para un aprendizaje esotérico*".

15. Ver la conferencia y escritos pedagógicos de Rudolf Steiner y de M. Mahler. "*The psycological Birth of the human infant*".

Bibliografía

Beck, Dieter: Conferencia sobre el síndrome borderline mantenida en la clínica Husseman en el 1993 y en la clínica Lievegoed en 1994 (extracto de los apuntes de algunas personas presentes).

Ben-Aharon, Jesaiah: *The new experience of the supersensible,* Londres, 1995.

Dekkers, Ad: "*Sobre alergia social, sobre neurosis y antineurosis*", en: Formación en una psicoterapia de orientación antroposófica.1995

Gruen, Arno: Der Frühe Abschied, Munich 1988.

Mahler, Margaret S/Pine, Fred/Bergman, Anni: *The psychological Birth of the human infant,* New York 1975, alemán: Die psysische Geburt des Menschen, Frankfurt am Main 1996.

Minne, Wilfried: Conferencia sobre el Síndrome Borderline, dada en Zeist en 1993 en la clínica Lievegoed 1994, según transcripción de algún asistente a la misma.

Solms, Hugo: "*Transcripciones de Edipo a Fausto*"; "*Caminos del psicoanálisis o caminos hacia Cristo*" (Introducción del profesor Solms para un trabajo sobre psicoanálisis), Antroposofía y la cuestión de la consciencia; actualmente se trabaja en la publicación de esta obra.

Rudolf Steiner: GA. dentro de la Obra completa

GA21 *De los enigmas del alma.* Edit. Antroposófica

GA27 *Fundamentos para una ampliación del arte de curar.* Capítulo 6º. Edit. Antroposófica

GA118 *El evento de la aparición de Cristo en el mundo etéreo.* Conferencia del 30 de enero 1910.

GA128 *Fisiología Oculta.* Conferencia 22 marzo 1911. Edit. Antroposófica

GA143 *Experiencia de lo suprasensible. Las tres vías del alma hacia Cristo.* Conferencia del 16 de Abril de 1912.

GA154. *¿Cómo se adquiere la comprensión del mundo espiritual?* Conferencia del 18 de Abril de 1914.

GA158 *La relación del hombre con el mundo de los seres elementales.* Conferencias del 21 al 24 de noviembre de 1914.

GA168 *La comunicación entre los vivos y los muertos.* Conferencia del 10 de octubre de 1916. Edit. Antroposófica

GA171 *Impulsos de desarrollo interno de la humanidad.* Conferencia del 10 de octubre de 1916.

GA190 *Impulsos del pasado y del futuro de los eventos sociales.* Conferencia del 23 de Marzo y de Abril de 1919.

GA196 *Transformaciones espirituales y sociales en el desarrollo de la humanidad.* Conferencia del 9 de agosto de 1919.

GA200 *La nueva espiritualidad y el evento del Cristo en el siglo XX.* Conferencia del 31 de octubre de 1920.

GA257 *Formación de la comunidad antroposófica.* Conferencia del 31 de octubre de 1920.

GA272 *Volumen 1: Fausto, el hombre que busca y se esfuerza.* Conferencia del 11 de septiembre de 1916.

GA293 *Estudio del hombre como base de la pedagogía.* Conferencia del 21 de agosto de 1919.
Edit. Antroposófica

GA301 *La renovación del arte pedagógico-didáctico mediante la ciencia del espíritu.* Conferencia el 22 de abril de 1920.

GA 302a *Educación y Enseñanza fundamentados en la antropología. Estructuración de la Enseñanza.* Conferencia del 22 de septiembre de 1920.

Wember, Valentín: "*Teoría del conocimiento y ciencia oculta*" en Anuario Tycho de Brahe para el goetheanismo, 1986

Zeilmans van Enmichhoven, Willem: *La piedra fundamental.* Edit. Antroposófica

Sobre los Autores

El Dr. Ernst Dieter Beck nace en Haifa, año 1936 y muere en el año 2003. Estudió medicina en Tübingen y Universidad libre de Berlín. Estudió matemáticas y física en Tübingen y Munich. Amplia formación en medicina somática. Durante tres años trabajó como asistente médico en la clínica Friedrich Husseman. Colaborador médico de los Dres. R. Treichler, W.Previer y M.Wolman. Se especializó en Neurología y Psiquiatría; Cinco años en el departamento de Medicina Psicosomática y Arte Terapia de la Filder Klinik (Dr. P. van der Heide); formación en psicoterapia. Desde 1988 hasta su muerte, director médico de la clínica psiquiátrica Friedrich Husseman de Buchenbach.

Henriette Dekkers, nacida en 1941 en Bandoeng (Indonesia Holandesa). Doctora en Filosofía. Tras su licenciatura en Derecho trabajó en el ministerio de justicia y prisiones en la legislación para la reinserción. Posteriormente se licenció en Psicología. Investigación sobre trastornos psicóticos y trastorno límite de personalidad. Más tarde desarrolla su actividad profesional en un centro psiquiátrico de día y en un Terapéuticum de Orientación Antroposófica. Conjuntamente con el Psicólogo-Psicoterapeuta Ad Dekkers trabajó en investigación y terapia de los trastornos de la evolución psíquica y biográfica. Actualmente trabaja como psicóloga clínica en Haarlem y Bilthoven.

Ursula Sophia Langerhorst, nacida en Utrecht; estudió en un colegio Waldorf en La Haya. Euritmia en la escuela de Friedl Meangya y Trude Thetter de Viena. Posteriormente trabajó en ejercicio libre y en un colegio Waldorf como euritmista pedagógica en Ámsterdam. Estudió Arte terapia con la Dra. Margarete Hauschka. Formación y actividad laboral en Ergoterapia. Trabajó como colaboradora de los Dres. H. y S. Müller- Wiedemann con niños autistas. Hospital Universitario de Herdecke, departamentos de Neurología, psiquiatría infantil y Psicosomática en el tratamiento de la anorexia. Posteriormente hasta la actualidad en la clínica psiquiátrica Friedrich Husseman.

Otros libros de Medicina y Terapia Antroposófica

Rudolf Steiner: GA. dentro de la obra completa

GA312 *Fundamentos de Medicina de Orientación Antroposófica.* Ed.Antroposófica

GA314 *Fisiología Oculta.* Ed.Antroposófica

GA317 *Curso de educación especial.* Ed.Antroposófica

Próxima aparición:

GA316 *Curso de Navidad y Curso de Pascua para médicos.* Editorial Rudolf Steiner.

Evans, Michael. *Como curar cuerpo, alma y espíritu.* Ed.Antroposófica

Lievegoed, Bernard *El hombre en el umbral.* Ed.Antroposófica

Kühlewind, Georg *De la normalidad a la salud.* Ed.Antroposófica

Crottoginni, Roberto *La Tierra como escuela.* Ed.Antroposófica

Pelikan *Fitoterapia. El poder curativo de las plantas.* Ed.Antroposófica

Burkhard, Gudrun *Tomar la vida en nuestras manos.* Ed.Antroposófica

Reinhard, Jung *Medicinas del alma.* MTM editor.

Mees, Eva *Arte curativo y curación artística. Sugerencias para arteterapeutas.* Arteterapia el Puente.